Dieter Grabbe

Ballooning

- Top in Form mit dem DIDIballoon®
- Mit 8-Minuten-Workouts zur Traumfigur
- Inklusive zwei original DIDIballoons®

www.knaur-ratgeber.de

Impressum   4
Vorwort   5

Rundum fit mit dem DIDIballoon®   6
Die Entdeckung des DIDIballoons®   7
Die Ballooning-Prinzipien   8
Drei Säulen für die Gesundheit 10
Ballooning verbessert das Körpergefühl. 13

Ballooning – die Praxis 14
Einfache Ausrüstung: Ballon und Matte 15
Die fünf goldenen Regeln 16
Los geht's: der Aufbau der Übungen 17
Body-Forming 18
Body-Balancing. 58
Body-Relaxation 74

Die besten Ballooning-Programme 88
Trainingspläne für jeden Typ 89
Easy Fitness für Couchpotatoes. 90
Das Allround-Programm für Fortgeschrittene. 91
Das Topfit-Programm für Geübte 92
Stabilisierung für den Rücken 93
Das Programm für Nacken und Schultern 94
Das Anti-Stress-Programm 95

Anhang 96

Impressum

Wichtiger Hinweis
Die im Buch veröffentlichten Ratschläge wurden mit größter Sorgfalt von Verfasser und Verlag erarbeitet und geprüft. Eine Garantie kann jedoch nicht übernommen werden. Ebenso ist eine Haftung des Verfassers bzw. des Verlages und seiner Beauftragten für Personen-, Sach- oder Vermögensschäden ausgeschlossen.

Bildnachweis
Umschlagfoto: Silvia Lammertz
Übungsfotos: Silvia Lammertz

Bibliografische Information
Der Deutschen Bibliothek
Die Deutsche Bibliothek verzeichnet diese Publikation in der Deutschen Nationalbibliografie; detaillierte bibliografische Daten sind im Internet über **http://dnb.ddb.de** abrufbar.

© Knaur Ratgeber Verlage 2005
Ein Unternehmen der Droemerschen Verlagsanstalt Th. Knaur Nachf. GmbH & Co. KG, München
Alle Rechte vorbehalten

Das Werk einschließlich aller seiner Teile ist urheberrechtlich geschützt. Jede Verwertung außerhalb des Urhebergesetzes ist ohne Zustimmung des Verlages unzulässig und strafbar. Das gilt insbesondere für Vervielfältigungen, Übersetzungen, Mikroverfilmungen und die Einspeicherung und Verarbeitung in elektronischen Systemen. Bei der Anwendung in Beratungsgesprächen, im Unterricht und in Kursen ist auf dieses Buch hinzuweisen.

Projektleitung: Franz Leipold
Redaktion: Birgit Kaltenthaler, München
Herstellung: Veronika Preisler
Bildredaktion: Sylvie Busche (Ltg.), Margit Schulzke
Umschlagkonzeption:
Zero Werbeagentur, München
Satz und Reproduktion:
kaltnermedia, Bobingen
Druck und Bindung:
Offizin Andersen Nexö, Leipzig

Printed in Germany

ISBN 3-426-64186-0

5 4 3 2 1

Besuchen Sie uns im Internet:
www.knaur-ratgeber.de

Weitere Titel aus den Bereichen Gesundheit, Fitness und Wellness finden Sie im Internet unter **www.wohl-fit.de**

Vorwort

Woran denken Sie, wenn Sie das Wort »Luftballon« hören? An Kindergeburtstage oder an die Eröffnung eines neuen Möbelhauses? Kein Wunder! Bevor ich entdeckt habe, dass so ein Luftballon ein sehr effektives Fitnessgerät sein kann, dachte ich genauso. Doch ich verspreche Ihnen: Wenn Sie dieses Buch gelesen haben, werden Sie beim Anblick eines Luftballons nicht mehr nur an Kinderspielzeug denken, sondern auch noch an ganz andere Dinge, zum Beispiel an Fitness, Entspannung oder Balance.

Der DIDIballoon® ist im Grunde nichts anderes als ein Luftballon, wenngleich er ein paar besondere Eigenschaften hat. Ballooning – so heißt das Training mit diesem Ballon – ist eine ganzheitliche Fitness- und Wellnessmethode. Durch Ballooning können Sie neue Energie tanken, Ihr Aussehen verbessern, Ihre Muskeln stärken und sogar die Tiefenmuskulatur entwickeln, die eine große Rolle für Ihre Haltung spielt.

Kennen Sie das Hochzeitsritual, bei dem die Gäste gute Wünsche auf Postkarten schreiben und diese dann per Luftballon in den Himmel schicken? Dürfte ich Ihnen einige Wünsche mit auf den Weg geben, so wünschte ich, dass Sie jetzt neugierig geworden sind und Lust haben, Ballooning auszuprobieren. Außerdem würde ich mir wünschen, dass dieses sanfte Training Ihrem Aussehen, Ihrer Gesundheit und Ihrem Wohlbefinden genauso gut tut wie den vielen Menschen, die Ballooning in meinen Seminaren und Kursen oder über das Internet kennen gelernt haben. Und ich bin sicher, dass diese Wünsche in Erfüllung gehen werden. Also: Zögern Sie am besten nicht lange, blasen Sie den DIDIballoon® auf und legen Sie los – je früher, desto besser!

München, im Frühjahr 2005
Dieter Grabbe

Rundum fit mit dem DIDIballoon®

Ballooning ist eine ganz neue Trainingsmethode, die Sie top in Form bringt. Freuen Sie sich darauf, denn sie macht Ihnen sicher viel Spaß, sorgt für Kraft und gleichsam Entspannung!

Ballooning verbessert Ihre Fitness und sorgt für mehr Wohlbefinden. Durch einfache, spielerische Übungen werden die gesamte Muskulatur sowie die Tiefenmuskulatur des Rückens trainiert, die Haltung verbessert und der Stoffwechsel aktiviert. Zusätzlich dienen besondere Übungen der Entspannung und Stressreduktion. Ballooning wird mit einem Luftballon, dem so genannten DIDIballoon® (siehe Seite 15), durchgeführt. Damit können Sie jederzeit und überall etwas für Ihre Gesundheit tun. Das handliche Trainingsgerät passt in jede Reisetasche.

Vielfältige und effektive Übungen

Die sanften Übungen werden im Stehen, Sitzen und Liegen ausgeführt. Einige dienen dem Muskelaufbau und der Kräftigung (siehe Body-Forming ab Seite 18), andere fördern die Koordination und den Gleichgewichtssinn (siehe Body-Balancing ab Seite 58), und schließlich gibt es noch entspannende Techniken (siehe Body-Relaxation ab Seite 74).

Alle Übungen sind variabel einsetzbar und können zu kleinen Trainingsprogrammen zusammengestellt werden, die nur etwa 8 bis 15 Minuten dauern. Neben den Grundlagen finden Sie in diesem Buch sämtliche Ballooning-Übungen sowie Programme für verschiedene Bedürfnisse.

Die Entdeckung des DIDIballoons®

Wäre ich nicht zufällig von einer Bekannten zu einem Kindergeburtstag eingeladen worden, gäbe es den DIDIballoon® heute nicht. Ich beobachtete einige Kinder, die ausgelassen mit einem Luftballon spielten. Ich war fasziniert, wie spielerisch die Kleinen mit dem Ballon umgingen und dabei neue Bewegungen erprobten. So kam mir die Idee, dass das, was für Kinder gut ist, für Erwachsene, die ihren Körper oft nur noch schlecht wahrnehmen, erst recht wertvoll sein dürfte.

Rundum fit mit dem DIDIballoon®

Zuhause experimentierte ich dann mit dem »Fitnessgerät Luftballon«. Ich entwickelte eine Methode, um das Training effektiv zu machen – die so genannten Resonanzbewegungen. Ich war verwundert, dass ich in den vielen Jahren als Profisportler, Personal-Coach und Fitness- und Wellness-Experte nicht schon früher darauf gekommen war: Das Geheimnis liegt in der Einfachheit! Ballooning ist völlig unkompliziert und kann von jedem erfolgreich angewendet werden.

Ein Problem waren zunächst die herkömmlichen Luftballons. Sie ließen sich schlecht aufblasen und gingen schnell kaputt. Die Suche nach dem richtigen Material dauerte eine Weile, aber dann fand ich die optimale Kombination aus Flexibilität und Strapazierfähigkeit.

Nachdem ich die Ballooning-Übungen mittlerweile in vielen Kursen und Seminaren anbiete, erfülle ich mit diesem Buch den Wunsch meiner Kursteilnehmer, eine Übungssammlung zusammenzustellen. Ich hoffe, dass Ihnen die Lektüre und der DIDIballoon® noch viel Freude machen werden.

Was ist Ballooning?

- Eine sanfte Trainingsmethode für Körper und Seele
- Eine Strategie gegen Stress und Verspannungen
- Eine Zusammenstellung von spielerischen Übungen für eine bessere Haltung
- Eine schonende Form des Kraft- und Muskeltrainings
- Ein effektives Training für die Tiefenmuskulatur
- Eine einfache Möglichkeit, ganz ohne Stress fit zu werden

Die Ballooning-Prinzipien

Es gibt einige bedeutende Grundlagen, durch die sich Ballooning von anderen Trainingsmethoden unterscheidet. Da sie im Hinblick auf die Praxis eine große Rolle spielen, möchte ich Ihnen hier kurz die wichtigsten Prinzipien erläutern.

Resonanz – das A und O beim Training

Im Mittelpunkt des Balloonings steht die Resonanzbewegung. Resonanz, ein Begriff aus der Akustik, bedeutet »Mitschwingen« oder »Widerhall«. Wenn Schallwellen einen Körper zum Mitschwingen anregen, entsteht Resonanz. Dies ist in der Musik wichtig. Das Anschlagen einer Klaviertaste beispielsweise versetzt das ganze Instrument in Schwingung. Beim Ballooning ist es ähnlich: Mit den Handflächen, Beinen oder anderen Körperteilen wird zunächst etwas Druck auf den Ballon ausgeübt, um eine gute Grundspannung zu erzeugen. Doch der eigentliche Trick besteht darin, dass am Ende jeder Übung federnde Druckbewegungen auf den Ballon durchgeführt werden, und zwar in immer kürzeren Abständen und allmählich immer fester. So wird der Druck schneller und zugleich stärker. Die Schwingungen, in die der Ballon versetzt wird, übertragen sich auf den Bewegungsapparat und die Tiefenmuskulatur. Unser ganzer Körper wird so zum Resonanzkörper. Die immer stärker werdenden Vibrationen erzeugen dabei Impulse, die sich positiv z. B. auf Muskeln, Gelenke und Sehnen auswirken.

Mit Verbissenheit kommen Sie beim Ballooning nicht weiter. Gehen Sie die Sache locker an!

Training mit Spaß und Leichtigkeit

Ballooning ist eine wunderbare Möglichkeit, Stress abzubauen und das Wohlbefinden zu erhöhen. Das funktioniert allerdings nur, wenn Sie mit Spaß und Leichtigkeit an die Sache herangehen. Sicher haben Sie im Alltag schon häufig genug mit Stress zu kämpfen. Umso wichtiger ist es, eine Fitnessmethode zu wählen, die nicht noch zusätzlichen Stress erzeugt. Ballooning bietet Ihnen die Chance, Ihren Körper zu trainieren und zugleich für mehr Entspannung und »Entschleunigung« zu sorgen. Dazu sollen Sie sich beim Üben Zeit lassen! Konzentrieren Sie sich lieber auf wenige Übungen.
Vergessen Sie nicht, dabei zu lächeln. Mit Verbissenheit kommen Sie nicht weit. Viele Übungen wirken lockernd, vertiefen die Atmung und versetzen den Körper in angenehme Vibrationen – all das sollten Sie genießen. Die besten Erfolge erzielen Sie, wenn Sie beim Ballooning mit Ihrem Körper spielen statt gegen ihn zu kämpfen.

Rundum fit mit dem DIDIballoon®

Das Geheimnis der richtigen Balance

Auch die Balance ist ein wichtiges Prinzip beim Ballooning. Zum einen gibt es zahlreiche Übungen, die Ihr Gleichgewicht trainieren. Zum anderen entwickeln Sie durch Ballooning auch im übertragenen Sinne ein Gefühl für das richtige Gleichgewicht. Und das ist von großer Bedeutung, denn unsere Gesundheit und unser Wohlbefinden hängen letztlich davon ab, ob wir in der Balance und in der richtigen Spannung sind oder nicht.

Der Ballon bietet ein gutes Beispiel: Wird zu viel Luft hinein geblasen, platzt er – die Spannung ist zu groß. Zu wenig Luft hingegen führt dazu, dass der Ballon schlaff und unbrauchbar wird. Ebenso müssen unsere Muskeln und unser ganzer Körper die richtige Spannung haben. Menschen, die dauernd in Hetze sind, stehen immer unter Hochspannung und gefährden ihr Herz. Wer hingegen ständig auf dem Sofa liegt und sich höchstens noch zum Kühlschrank hin bewegt, verfällt in das andere Extrem – er gerät aus der Form. Es fehlt die nötige Spannung, um das Leben aktiv zu genießen.

Durch Ballooning lernen Sie, intuitiv Ihr Gleichgewicht wieder zu finden. Phasen der Aktivität wechseln sich mit Phasen der Entspannung ab. Diese gesunde Mischung können Sie auf den Alltag übertragen – mit positiven Folgen für Lebensgefühl und Gesundheit.

Lernen Sie, die richtige Dosierung von Anspannung und Entspannung zu finden.

Drei Säulen für die Gesundheit

Ballooning ruht auf drei Säulen. Das ist wichtig, denn nur so ist die ganzheitliche Wirkung möglich. Die Dreigliederung macht Ballooning zu einem sehr vielseitigen Training, das sowohl die Fitness verbessert als auch das Wohlbefinden erhöht und Stress vertreibt.

1. Body-Forming: Die Übungen schenken Power, straffen die Figur und fördern eine gut trainierte, harmonische Muskulatur.
2. Body-Balancing: Hier werden vor allem das Körperbewusstsein, die Kraftkoordination und das Gleichgewicht gestärkt.
3. Body-Relaxation: Die Übungen bewirken eine gründliche, tiefe Entspannung von Körper und Seele und helfen, Stress abzubauen.

Drei Säulen für die Gesundheit

Sanftes Training für Körper und Seele

Ballooning regt den Kreislauf sanft an und kräftigt die Muskeln, ohne die Gelenke zu belasten. Es kann bei entsprechender Intensität anstrengend werden, doch letztlich entscheiden Sie, auf welchem Level Sie trainieren wollen. Gerade anfangs ist es sinnvoll, die Sache ruhig und entspannt anzugehen. Durch die Ballooning-Übungen verbessern Sie Ihre Bewegungsmuster und lernen neue Bewegungsabläufe kennen. Dabei lösen Sie spielerisch Blockaden auf muskulärer und auch auf energetischer Ebene. Das werden Sie daran merken, dass Sie nach und nach immer mehr Energie zur Verfügung haben.

Für wen ist Ballooning die ideale Trainingsform?

- Für Menschen, die fit fürs Leben werden möchten
- Wenn Sie mehr Bewegung brauchen
- Für Personen, die ihre Figur straffen wollen
- Wenn Sie Rückenprobleme und/oder Schulterschmerzen haben
- Bei Muskelverspannungen zur Lockerung des Körpers
- Für Übergewichtige, die eine Diät aktiv unterstützen wollen
- Wenn Sie entspannter und zugleich bewusster leben möchten

Die Wirkungen der Ballooning-Übungen sind so umfangreich, dass ich nur einige besonders charakteristische Punkte herausgreifen kann.

Mehr Muskeln, weniger Fett

Eine der wichtigsten Wirkungen von Ballooning ist, dass die Muskulatur gestärkt und die Figur gestrafft wird. Eine trainierte Muskulatur sieht gut aus, das ist der optische Effekt. Sie ist aber auch noch ein prima Fettkiller. Je mehr Muskeln Sie haben, desto höher ist Ihr Grundumsatz. Den zusätzlichen Energieverbrauch deckt Ihr Körper, indem er die (überflüssigen) Fettreserven anzapft. Muskeln machen also schlank. Sie wachsen aber nur, wenn sie Impulse bekommen. Durch den Druck auf den Ballon werden sie isometrisch-dynamisch trainiert. Die Resonanzbewegungen sorgen dafür, dass sich die Muskeln besonders harmonisch entwickeln und Sie schnell eine gute Figur machen.

Ballooning ist zudem ein hervorragendes Mittel gegen Cellulite (Orangenhaut), da durch die Techniken auch das Bindegewebe gut durchblutet und gefestigt wird.

Rundum fit mit dem DIDIballoon®

Stärkung der Tiefenmuskulatur

Ein Vorteil von Ballooning ist, dass nicht nur die äußerlich sichtbaren Muskeln, sondern auch die Tiefenmuskulatur trainiert wird. Die in der Tiefe sitzenden, gelenksnahen Muskeln unterstützen die Haltung und bauen eine stabile Körpermitte (Bauch, Becken, unterer Rücken) auf. Die Krankengymnastik weiß schon lange, dass fast alle Probleme von Rücken, Schultern und Co. auch durch eine geschwächte Tiefenmuskulatur verursacht werden.

Leider ist das Training der Tiefenmuskulatur im Fitnessbereich die Ausnahme. Beim Ballooning entwickeln Sie einerseits leistungsfähige, schlanke Muskeln, die Sie straff und fit, aber nicht wie ein Bodybuilder aussehen lassen. Andererseits trainieren Sie auch die Tiefenmuskulatur, was sich positiv auf Ihre Haltung sowie den gesamten Bewegungsapparat auswirkt und Beschwerden beseitigt.

Der Stoffwechsel – Energiemotor des Körpers

Ballooning-Übungen regen die Durchblutung, die Sauerstoffversorgung und vor allem auch den Stoffwechsel an. Als Stoffwechsel wird der Prozess bezeichnet, bei dem unser Körper Nährstoffe in Energie umwandelt. Sämtliche biochemischen Vorgänge, die dem Aufbau, Umbau und Erhalt der Zellen und der reibungslosen Funktion der Organe dienen, hängen mit dem Stoffwechsel zusammen.

Viele Zivilisationskrankheiten lassen sich auf Stoffwechselstörungen zurückführen. Daher ist ein guter Stoffwechsel von besonderer Bedeutung für die Gesundheit.

Ein aktiver Stoffwechsel sorgt dafür, dass Ihr Energiemotor während und auch nach dem Training noch mit höherer Drehzahl läuft. Das tut Ihrer Figur ebenso wie Ihrer Gesundheit gut. Gerade was die »Müllverbrennung« betrifft, also den Abbau von Giftstoffen und Schlacken aus dem Gewebe, so ist ein hervorragend funktionierender Stoffwechsel wirklich Gold wert. Bewegungsmangel und Fehlernährung führen leider dazu, dass der Organismus überlastet und mit dem anfallenden »Müll« nicht mehr fertig wird.

Durch Ballooning können Sie die Stoffwechselrate gezielt steigern und so das Tempo der Stoffwechselprozesse erhöhen. Ballooning bietet daher auch eine gute Möglichkeit, die Zellen zu entgiften und die Organe zu schützen.

Ballooning verbessert das Körpergefühl

Es ist ein Training für Körper, Seele und Geist. Die Übungen steigern die so genannten propriozeptiven Fähigkeiten. Das heißt, dass Wahrnehmungen aus dem eigenen Körper, etwa aus den Muskeln oder Gelenken, besser an das Gehirn weitergeleitet werden. Ballooning hilft Ihnen also, Ihren Körper wieder mehr zu spüren und einen guten Kontakt zu ihm aufzubauen. In der Praxis geht es daher nicht nur um die äußerliche Ausführung der Übungen, sondern auch um das innere Empfinden dabei.

Loslassen und in sich hineinspüren

Ähnlich wie bei meditativen Übungswegen wie Yoga oder Tai Chi kommt es auch beim Ballooning darauf an, in sich hineinzuspüren. Erleben Sie immer wieder bewusst, wie sich der Ballon in Ihren Händen anfühlt, spüren Sie Ihren Rücken, wenn er auf dem Boden aufliegt, nehmen Sie die Berührungen Ihres Kopfes, Ihrer Beine oder Füße mit dem Ballon wahr, die Form und Schwere Ihrer Muskeln. Spielen Sie, genießen Sie, lassen Sie los – nicht nur die Muskeln, sondern auch belastende Gefühle oder Gedanken.

Nutzen Sie Ballooning, um sich Zeit für das Wichtigste zu nehmen: für sich selbst!

Die positiven Wirkungen von Ballooning

- Kräftigung der Muskulatur und Tiefenmuskulatur
- Ausgleich von Haltungsschäden
- Sensibilisierung des Körperbewusstseins
- Lösung von Blockaden und Muskelverspannungen
- Kräftigung des Bewegungsapparates
- Entgiftung des Organismus
- Erweiterung der Bewegungsmuster
- Verkürzung der allgemeinen Reaktionszeit
- Förderung der Tiefenentspannung
- Aktivierung des Stoffwechsels und der Sauerstoffversorgung
- Stärkung des Immunsystems

Ballooning – die Praxis

Auf geht's, jetzt wird geübt! Sie brauchen lediglich eine weiche Unterlage und den DIDIballoon®. Außerdem helfen Ihnen die fünf goldenen Regeln.

Bevor Sie beginnen, möchte ich Ihnen einige Tipps zur Vermeidung von Fehlern an die Hand geben. Obwohl Ballooning alles andere als kompliziert ist, sollten Sie doch ein paar Grundregeln beachten. So können Sie Probleme ausschließen und bessere Erfolge erzielen.

Einfache Ausrüstung: Ballon und Matte

Ballooning erfordert eine Minimalausrüstung. Eigentlich brauchen Sie nur den DIDIballoon® – oder noch besser zwei davon. Für die vielen Übungen im Liegen ist eine Gymnastikmatte zu empfehlen. Auch eine Decke oder ein großes Handtuch sind geeignet. Je bequemer die Kleidung, desto besser. Vermeiden Sie jedoch störende Reißverschlüsse, Gürtel, Nieten oder andere spitze Gegenstände an Ihrem Outfit. Auch Schuhe erhöhen die Gefahr, dass der Ballon platzt. Uhren und Schmuck sollten Sie vor dem Üben natürlich abgelegen.

Der DIDIballoon®

Er sieht aus wie ein normaler Luftballon, hat allerdings besondere Eigenschaften: Zum einen ist er flexibler als die meisten Luftballons. Das ist wichtig, weil viele handelsübliche Ballons mit dem Mund nur schwer aufblasbar sind. Zum anderen ist der DIDIballoon® recht belastbar. Natürlich hat er auch seine Grenzen, denn schließlich handelt es sich nicht um einen Petziball (Gymnastikball). Gehen Sie also behutsam mit ihm um.

Ein Kissen als möglicher Ersatz

Diesem Buch sind zwei DIDIballoons® beigelegt. Sie können den einen für die paar Übungen verwenden, die mit leerem Ballon ausgeführt werden, den anderen für die klassischen Ballooning-Techniken. Es gibt ganz wenige Übungen, bei denen es ideal wäre, zwei aufgeblasene Ballons zur Verfügung zu haben. Doch dafür können Sie

Ballooning – die Praxis

ersatzweise auch ein hohes, weiches Kissen benützen. Falls doch einmal ein oder beide Ballons platzen oder mit der Zeit die Luft verlieren, können Sie ein DIDIballoon®-Set mit 10 Ballons unter der im Anhang angegebenen Adresse (siehe Seite 96) nachbestellen.

Die fünf goldenen Regeln

1. *Die Beschreibung genau kennen:* Lesen Sie die Anleitung der jeweiligen Übung zuerst ganz durch. Das dazugehörige Foto verdeutlicht, wie sie durchgeführt wird. Stellen Sie sich zunächst innerlich vor, wie die Übung im Einzelnen abläuft. Die Umsetzung wird anschließend umso leichter fallen.

2. *Die drei Säulen beachten:* Die Reihenfolge der Übungen sowie die Auswahl des jeweiligen Tagesprogramms bleiben Ihnen überlassen. Sie werden schnell spüren, was Ihnen gut tut. Versuchen Sie aber immer, Übungen aus allen drei Kategorien (siehe Seite 10) miteinander zu kombinieren. Führen Sie dabei erst die Body-Forming-, dann die Body-Balancing- und zuletzt die Body-Relaxation-Techniken aus.

3. *Die Reihenfolge beherzigen:* Falls Sie ein Programm auswählen (siehe Seite 88), sollten Sie sich an die vorgeschlagene Reihenfolge halten. Lassen Sie jedoch ruhig die eine oder andere Übung aus, wenn Ihnen das Programm zu lang ist.

4. *»Kurz, aber intensiv«, lautet das Motto:* Jede Übung wird in einer Serie nur einmal ausgeführt – kurz, aber intensiv. Eine Ausnahme bilden die Gleichgewichtsübungen. Wenn Sie hier schon nach wenigen Sekunden ins Wanken geraten, können Sie mehrere Anläufe nehmen.

5. *Lieber mäßig, dafür aber regelmäßig trainieren:* Wie oft Sie üben, entscheiden nur Sie allein. Wichtig ist, dass Sie es regelmäßig tun. Dreimal in der Woche ist das Minimum. Natürlich spricht auch nichts dagegen, Ballooning zur täglichen gesunden Gewohnheit zu machen. Es muss ja nicht jedes Mal das volle Programm sein.

Prinzipiell können Sie die Reihenfolge der Übungen selbst bestimmen, außer in Programmen, in denen sie fest vorgeschrieben ist.

Dies sollten Sie beachten

- Den DIDIballoon® stets langsam und vorsichtig in die gewünschte Position setzen, damit er länger hält. Der aufgeblasene Balloon sollte wenig größer als Ihr Kopf sein – ideal sind anderthalb Kopfgrößen.
- Spitze Gegenstände nicht mit dem DIDIballoon® in Kontakt bringen! Die Unterlage muss glatt und frei von Steinchen sein.
- Bewahren Sie den DIDIballoon® möglichst immer bei Raumtemperatur auf. Sonneneinstrahlung, Hitze und Kälte schaden ihm.
- Obwohl der Ballon sehr widerstandsfähig ist, kann er auch einmal laut knallend platzen. Dabei passiert nichts. Aber wenn Sie sehr schreckhaft sind, einen Herzschrittmacher tragen und/oder an einer koronaren Herzerkrankung oder einer Ohrenkrankheit, beispielsweise Tinnitus, leiden, gibt es eine Lösung: Trainieren Sie mit Silikon- oder Wachsstöpseln im Ohr. Sie verschließen den Gehörgang besonders gut. Das fördert zudem Konzentration und Entspannung.

Los geht's: der Aufbau der Übungen

Nun dürfen Sie mit dem Üben beginnen. Im Folgenden finden Sie sämtliche Ballooning-Übungen genau erklärt. Wie Sie bereits wissen, gibt es drei verschiedene Kategorien (siehe Seite 10). Ballooning besteht aus insgesamt 35 Übungen.

Forming, Balancing und Relaxation

- Die 20 Body-Forming-Übungen entwickeln die Muskeln, kräftigen die Tiefenmuskulatur und straffen die Figur. Hier spielt die Resonanzbewegung (siehe Seite 9) eine besonders große Rolle.
- Die 8 Body-Balancing-Übungen verbessern Körperbewusstsein, Gleichgewichtssinn, Kraftkoordination und Tiefenmuskulatur. Je ruhiger und länger Sie die Stellungen halten, desto besser ist der intramuskuläre Effekt.
- Die 7 Body-Relaxation-Übungen schließen das Training ab und sorgen für eine gründliche, tiefe Entspannung. Hier ist es wichtig, zu spüren, zu genießen und sich vom Stress zu verabschieden.

Body-Forming

Diese Serie bringt Power. Sie strafft die Figur und verhilft zu harmonisch aussehenden Muskeln. Der Effekt der Übungen beruht auf dem Geheimnis der Rezonanzbewegungen (siehe Seite 9).

Body-Forming – Übung 1

Durch die Übung trainieren Sie vor allem:

- die Ober- und Unterarme
- Schultern und Nacken
- die Brustmuskulatur und den oberen Rücken

So wirkt die Übung Die erste Body-Forming-Übung bereitet Ihren Körper optimal auf das Ballooning-Programm vor und wärmt ihn gründlich auf. Schultern und Arme werden gekräftigt, der Kreislauf wird sanft angeregt.

▶ **So wird's gemacht** Nehmen Sie eine angenehme Standposition ein. Die Knie sollten dabei ein bisschen gebeugt sein, das Gesäß wird leicht angespannt. Platzieren Sie den DIDIballoon® zwischen Ihren Handflächen. Die obere Hand berührt den Ballon mit der Handfläche, die untere mit dem Handrücken. Es geht darum, den Ballon möglichst rund kreisen zu lassen und den Kontakt zum Ballon nicht zu verlieren. Die Oberarme werden auf Höhe der Schultern gehalten. Versuchen Sie nun, mit leichtem Druck auf den Ballon das Tempo langsam zu steigern. Führen Sie die Übung zunächst in die eine und anschließend in die andere Richtung aus.

So vermeiden Sie Fehler

Steigern Sie die Trainingsdauer langsam! Führen Sie die Übung nur so lange aus, wie es sich angenehm für Sie anfühlt. Werden Sie allmählich immer schneller, doch verlieren Sie dabei nicht die Kontrolle. Lassen Sie die Arme im Zweifelsfall lieber langsamer kreisen. Halten Sie die Oberarme stets auf Schulterhöhe.

Body-Forming – Übung 1

Body-Forming – Übung 2

Durch die Übung trainieren Sie vor allem:

- die Handgelenke, Ober- und Unterarme
- die Brust- und Nackenmuskeln
- die Vorderseite der Schultern

So wirkt die Übung Die folgende Übung ist sehr vielseitig: Sie löst Blockaden im Bereich von Schultern und Nacken und kräftigt außerdem die Tiefenmuskulatur. Verspannungen und Blockaden entstehen oft durch eine einseitige Haltung oder durch monotone Bewegungen am Arbeitsplatz. Die Übung verhilft zu guter Durchblutung im Schulter- und Nackenbereich; die Muskeln werden gründlich mit Sauerstoff versorgt, wodurch Stoffwechselablagerungen (siehe Seite 12) schnell ausgeschieden werden können.

▶ **So wird's gemacht** Nehmen Sie eine angenehm stabile Standposition ein, indem Sie die Knie nicht ganz durchstrecken und das Gesäß ein klein wenig anspannen. Umfassen Sie den (leeren) Ballon mit beiden Händen von oben an den Enden und ziehen Sie diese etwas auseinander. Die Arme sollten dabei möglichst durchgestreckt bleiben. Drehen Sie Ihre Fäuste und Unterarme jeweils um 180 Grad nach außen und dann wieder nach innen – zunächst ganz langsam und schließlich immer schneller.

So vermeiden Sie Fehler

Bei akuten Schmerzen und Entzündungen im Bereich der Hände und Unterarme sollten Sie besser auf diese Technik verzichten. In diesem Fall hätte es keinen positiven Effekt. Ziehen Sie die Schultern während der Übung unbedingt nach hinten. Je weiter Sie die Ballonenden auseinander ziehen, desto größer wird die Spannung. Übertreiben Sie anfangs jedoch nicht! Eine leichte Spannung genügt. Etwas ziehen darf es, beenden Sie jedoch die Übung, bevor es unangenehm wird.

Body-Forming – Übung 2

Ballooning – die Praxis

 ## Body-Forming – Übung 3

Durch die Übung trainieren Sie vor allem:

- die Oberarme, insbesondere den Trizeps
- den Latissimus, also die seitliche Rückenmuskulatur
- die Unterarme und die Hände

So wirkt die Übung Diese Übung dient in erster Linie zur Kräftigung der Oberarmrückseite. Doch nicht nur der Trizepsmuskel wird angesprochen. In der Ausgangsstellung kommt es zu einer sanften Dehnung des Latissimus. Dieser Rückenmuskel ist oft verspannt, was auch zu Schulterschmerzen führen kann. Nicht zuletzt verbessert die Übung die Haltung des Oberkörpers.

➤ **So wird's gemacht** Sorgen Sie für einen stabilen Stand, indem Sie die Gesäß- und Bauchmuskeln leicht anspannen. Halten Sie nun die linke Hand in Höhe Ihrer linken Brustseite. Mit der anderen greifen Sie über den Kopf, der rechte Oberarm liegt am Kopf an. Umfassen Sie den (leeren) DIDIballoon® mit beiden Handflächen an den Enden und ziehen Sie diese auseinander. Der linke Arm bleibt dabei angewinkelt und fixiert, der rechte wird abwechselnd nach oben gestreckt und wieder gesenkt. Gehen Sie ruhig an Ihre Grenzen, aber vermeiden Sie, diese zu überschreiten. Tauschen Sie dann die Seiten.

So vermeiden Sie Fehler

Halten Sie den Ballon gut fest, damit er Ihnen nicht aus den Händen gleitet! Idealerweise wird der aktive Arm ganz durchgestreckt. Anfangs genügt jedoch eine leichte Spannung; dazu darf der Arm ein wenig gebeugt bleiben. Beginnen Sie mit langsamen Bewegungen, steigern sie dann und werden Sie nach und nach schneller. Hören Sie allerdings in jedem Fall auf, wenn Ihr Gefühl Ihnen sagt, dass es genug ist. Führen Sie die Übung grundsätzlich immer auf beiden Seiten aus.

Body-Forming – Übung 3

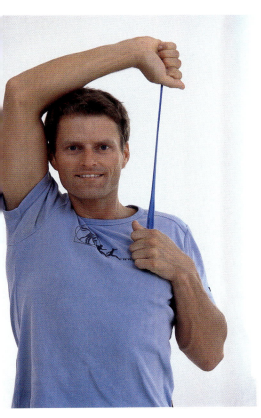

Mit dieser Übung verbessern Sie die Haltung Ihres Oberkörpers. Keine Sorge, der gedehnte Ballon ist sehr elastisch und reißt nicht so schnell.

Ballooning – die Praxis

 Body-Forming – Übung 4

Durch die Übung trainieren Sie vor allem:

- die Hand- und Unterarmmuskeln
- die Oberarme
- die Muskeln von Brust, Schultern und Nacken

So wirkt die Übung Diese Übung ist eher etwas für Fortgeschrittene, die schon länger mit dem DIDIballoon® trainieren, denn sie ist eine echte Herausforderung für die Schulter- und Nackenmuskulatur. Durch diese Variante wird die Tiefenmuskulatur optimal gekräftigt. Darüber hinaus wird die Durchblutung im Bereich der Schultern hervorragend gefördert. Im Anschluss an die Übung kommt es zu einer gründlichen Entspannungsreaktion.

▶ **So wird's gemacht** Sie können die Übung im Stehen oder im Sitzen durchführen. Bringen Sie Ihren Körper in eine stabile Grundspannung, indem Sie das Gesäß und die Bauchmuskeln leicht anspannen.

Umfassen Sie den (leeren) Ballon dann mit beiden Handflächen an den Enden. Heben Sie die Oberarme nach vorne bis auf Schulterhöhe und winkeln Sie die Unterarme im 90-Grad-Winkel ab. Die Unterarme berühren sich. Ziehen Sie jetzt den Ballon auseinander, indem Sie die Fäuste nach außen bringen. Führen Sie erst ganz kleine und dann allmählich größer werdende Bewegungen durch, wobei der Ballon immer weiter auseinander gezogen wird.

So vermeiden Sie Fehler

Die Ellbogen bleiben während der ganzen Übung geschlossen. Passen Sie auf, dass Sie nicht übertreiben! Anfangs genügt es, wenn Sie den Ballon nur ein bis zwei Zentimeter auseinander ziehen können. Mit der Zeit nimmt Ihre Kraft ganz von selbst zu, Sie werden überrascht sein. Halten Sie die Oberarme auf Schulterhöhe und führen Sie die Übung immer kontrolliert durch. Beschleunigen Sie erst, wenn der Bewegungsablauf sitzt.

Body-Forming – Übung 4

Wenn Ihnen zunächst noch die notwendige Kraft fehlt, sollten Sie mit dieser Übung vorsichtig beginnen und dann langsam steigern.

Ballooning – die Praxis

 ## Body-Forming – Übung 5

Durch die Übung trainieren Sie vor allem:

- die großen Rückenmuskeln
- Ober- und Unterarme
- Schultern und Nacken
- Brust und Lungen

So wirkt die Übung Diese Übung kräftigt den ganzen Brustkorb und wirkt sich positiv auf die Atemfunktion aus. Der Atemrhythmus wird harmonisiert. Die Atmung vertieft sich, wodurch auch die Sauerstoffaufnahme verbessert wird. Diese Body-Forming-Übung tut daher ganz besonders Brust und Lungen gut.

▶ **So wird's gemacht** Sorgen Sie zuerst einmal für einen guten Stand: Stehen Sie aufrecht und spannen Sie das Gesäß leicht an; die Knie bleiben dabei etwas gebeugt. Umfassen Sie den (leeren) Ballon mit beiden Händen an den Enden. Strecken Sie dann die Arme nach oben über den Kopf und ziehen Sie den Ballon mit ausgestreckten Armen ein Stück auseinander. Dadurch entsteht eine angenehme Spannung, die Sie vor allem in den Armen und im Rücken spüren können.

Ohne diese Spannung zu lösen führen Sie den Ballon jetzt hinter dem Kopf bis auf Schulterhöhe. Ziehen Sie den DIDIballon® nun wie einen Expander mehrmals auseinander. Wiederholen Sie das, bis es Ihnen zu anstrengend wird, und hören Sie dann auf. Nehmen Sie sich anschließend noch ein bisschen Zeit, um sich gründlich zu entspannen und der Übung nachzuspüren.

So vermeiden Sie Fehler

Der Ballon sollte den Nacken in der Zielstellung nicht berühren. Führen Sie die Bewegungen zunächst sehr langsam aus und werden Sie dann erst allmählich schneller. Behalten Sie stets die Kontrolle über die Bewegung. Vermeiden Sie es unbedingt, bei der Übung ins Hohlkreuz zu gehen.

Body-Forming – Übung 5

2

Ballooning – die Praxis

 ## Body-Forming – Übung 6

Durch die Übung trainieren Sie vor allem:

- Schultern und Nacken
- die Außenrotatoren (Drehermuskeln)
- Ober- und Unterarme
- den oberen und unteren Rücken
- Gesäß und Oberschenkel

So wirkt die Übung Dieses Workout verbessert die Körperhaltung auf besonders wirkungsvolle Art und Weise. Es stärkt und entwickelt die Tiefenmuskulatur im Bereich von Schultern und Nacken sowie im Rücken. Durch die Standposition wird darüber hinaus fast der gesamte Unterkörper effektiv gestrafft.

➤ **So wird's gemacht** Stellen Sie sich mit leicht gebeugten Knien hin und spannen Sie das Gesäß an. Der Oberkörper wird ein wenig nach vorne gebeugt. Umfassen Sie den (leeren) Ballon mit beiden Händen an den Enden, die Fäuste zeigen dabei nach vorne. Legen Sie die Oberarme eng an den Oberkörper an und fixieren Sie diese während der ganzen Übung. Bewegen Sie nun zuerst den rechten Unterarm seitlich nach außen. Wiederholen Sie die Bewegung mehrmals und werden Sie dabei allmählich schneller. Dann den Arm zur Mitte zurückführen und ein wenig entspannen. Anschließend wechseln Sie die Seite und führen die Übung auch mit dem linken Arm durch.

So vermeiden Sie Fehler

Ziehen Sie Ihre Schultern während der gesamten Übung nach hinten. Achten Sie darauf, dass die Oberarme fest an den Körper gepresst bleiben; die Unterarme werden im 90-Grad-Winkel je nur ein kleines Stück zur Seite bewegt. Trotz der leicht vorgebeugten Stellung sollte Ihr Rücken möglichst gerade bleiben. Falls nötig können Sie pausieren und die Arme durchschütteln, bevor Sie die Seite wechseln und dann mit dem anderen Arm üben.

Body-Forming – Übung 6

Diese Übung ist ein hervorragendes Training für den gesamten Schulter-Nacken-Bereich. Versuchen Sie, den Rücken dabei stets gerade zu halten.

Ballooning – die Praxis

 ## Body-Forming – Übung 7

Durch die Übung trainieren Sie vor allem:

- die Schultern und die Arme
- den oberen und unteren Rücken
- die Muskulatur von Gesäß und Bauch
- die Oberschenkelmuskeln

So wirkt die Übung Die folgende Übung ist sehr intensiv und anspruchsvoll. Daher eignet sie sich eher für Fortgeschrittene und für alle, die bereits über eine gute Fitness verfügen. Sie ist eine der besten, um die Haltung zu vervollkommnen. Sie kräftigt nämlich den gesamten Rücken und kann auch sehr gut gegen unangenehme Rückenverspannungen und -schmerzen eingesetzt werden. Durch diese Übung erhöhen Sie außerdem Ihre Atemkapazität.

➤ **So wird's gemacht** Legen Sie sich auf den Bauch – wenn möglich auf eine weiche Gymnastikmatte. Öffnen Sie die Oberschenkel leicht. Umfassen Sie den (leeren) Ballon mit beiden Händen an den Enden. Strecken Sie jetzt die Arme nach vorne und ziehen Sie den Ballon so weit auseinander, bis Sie eine deutliche Spannung spüren. Führen Sie den Ballon dann hinter den Kopf bis auf Schulterhöhe. Gleichzeitig heben Sie den Oberkörper wenige Zentimeter vom Boden ab, ohne jedoch den Kopf dabei in den Nacken zu legen. Aus dieser Stellung ziehen Sie den Ballon mehrmals auseinander, erst langsam, dann immer schneller. Hierbei führen Sie Resonanzbewegungen durch, die sich positiv auf Muskeln, Sehnen und Gelenke auswirken.

So vermeiden Sie Fehler

Spannen Sie während der ganzen Übung die Bauchmuskeln an. Achten Sie darauf, dass der Ballon den Nacken in der Zielstellung nicht berührt. Atmen Sie während der Resonanzbewegungen entspannt weiter und halten Sie den Atem keinesfalls an. Pausieren Sie, falls nötig. Die Hauptsache ist, Sie beachten immer Ihre Grenzen.

Body-Forming – Übung 7

Body-Forming – Übung 8

Durch die Übung trainieren Sie vor allem:

- die Oberarme (Bizeps)
- die Vorderseite der Schultern
- die Brustmuskulatur

So wirkt die Übung Diese hervorragende Kräftigungsübung bringt vor allem Ihre Oberarme und Schultern in Form. Wer hier seinen körperlichen Schwachpunkt hat, kann bei regelmäßiger Ausführung enorm profitieren. Außerdem verbessert die Übung die Haltung. Durch die am Ende entstehenden Schwingungen (Resonanz) erzielen Sie eine enorme Komprimierung der Muskulatur mit der Folge, dass die Muskeln optimal durchblutet und gut gestrafft werden.

➤ **So wird's gemacht** Nehmen Sie eine angenehme Standposition ein. Die Knie sollten dabei etwas gebeugt werden. Spannen Sie zudem das Gesäß leicht an. Heben Sie nun den rechten Arm hoch, bis der Oberarm auf Schulterhöhe ist. Fixieren Sie den mit Luft gefüllten DIDIballoon® zwischen Ihrer Handfläche und Ihrer Schulter, indem Sie den Arm anwinkeln. Nun üben Sie mit der Handfläche langsam Druck auf den Ballon in Richtung Schulter aus. Steigern Sie den Druck dann allmählich. Sobald eine kräftige Spannung erreicht ist, versetzen Sie Ihre Handfläche in Resonanz. Dazu drücken Sie mehrmals mit der Handfläche gegen den Ballon und führen eine vibrierende Bewegung durch. Wird es Ihnen zu anstrengend, machen Sie eine kleine Pause. Wechseln Sie dann die Seite.

So vermeiden Sie Fehler

Halten Sie den Oberarm während der gesamten Übung auf Schulterhöhe! Wenn Sie möchten, können Sie die Übung anfangs mit dem Rücken an die Wand gelehnt ausführen. Das verleiht dem Körper Stabilität, und Sie können sich besser auf den Ballon konzentrieren. Spannen Sie die Bauchmuskeln während der Übung an.

Body-Forming – Übung 8

Ballooning – die Praxis

 # Body-Forming – Übung 9

Durch die Übung trainieren Sie vor allem:

- die Hände (Handgelenke)
- die Unterarme und Oberarme (Bizeps und Trizeps)
- die Vorderseite der Schultern
- die Brust- und Nackenmuskeln

So wirkt die Übung Hier trainieren Sie die gesamte Vorderseite des Oberkörpers. Sie stärken eine so genannte Muskelkette, also eine Reihe von aneinander liegenden Muskeln, die bei wichtigen Bewegungsabläufen zusammenwirken. Die Übung verbessert auch noch sehr effektiv Ihre Körperhaltung und aktiviert den Stoffwechsel. Dieser ist wichtig zur Entgiftung der Zellen und für eine einwandfreie Funktion der inneren Organe (siehe Seite 12).

▶ **So wird's gemacht** Nehmen Sie eine stabile Standposition ein und spannen Sie das Gesäß leicht an. Halten Sie den Ballon zwischen Ihren Handflächen waagrecht vor dem Körper. Die Arme sind durchgestreckt, die Schultern werden nach hinten gezogen (Brust rausstrecken). Üben Sie nun mit den Handflächen einen leichten Druck auf den Ballon aus. Ohne die Spannung zu lösen, heben Sie den Ballon erst langsam über den Kopf und dann wieder nach unten bis auf Hüfthöhe. Wiederholen Sie diese Bewegung etwa zehnmal.

Abschließend halten Sie den Ballon auf Höhe der Schulterachse (waagrecht wie in Position 1) und bringen ihn in Resonanz: Dazu drücken Sie die Handflächen allmählich immer schneller gegen den Ballon, es entstehen die bereits bekannten Vibrationen.

So vermeiden Sie Fehler

Die Arme bleiben während der Übung immer durchgestreckt. Bei der Resonanzbewegung üben Sie allmählich immer schnelleren und intensiveren Druck auf den Ballon aus. Der Oberkörper bleibt aufrecht, die Schultern werden etwas nach hinten gezogen.

Body-Forming – Übung 9

Ballooning – die Praxis

Body-Forming – Übung 10

Durch die Übung trainieren Sie vor allem:

- die Hände und die Handgelenke
- die Ober- und Unterarme
- die Vorder- und Rückseite der Schultern
- die Tiefenmuskulatur im Bereich der Schulterblätter
- die Tiefenmuskulatur an der Brustwirbelsäule
- die Brust- und die Nackenmuskulatur

So wirkt die Übung Diese Übung kräftigt den ganzen Oberkörper. Sie wirkt einem Rundrücken entgegen, verbessert die Körperhaltung, regt die Durchblutung an und aktiviert den Stoffwechsel. Dies ist eine intensivere Variante der Übung 9 (siehe Seite 34). Durch das bewusste Hinabziehen der Schulterblätter kräftigen Sie außerdem noch die Schulterrückseite.

▶ **So wird's gemacht** Legen Sie sich auf den Rücken und stellen Sie die Füße auf, die Beine werden dabei angewinkelt. Fixieren Sie den Ballon zwischen den Handflächen. Die Arme sind durchgestreckt, die Schultern werden bewusst nach unten gezogen. Mit gestreckten Armen üben Sie zunächst leichten Druck auf den Ballon aus. Bewegen Sie ihn dann abwechselnd nach oben über den Kopf und wieder nach unten in Richtung Oberschenkel. Wiederholen Sie diese Bewegung langsam etwa zehnmal. Behalten Sie die Spannung.
Abschließend halten Sie den Ballon auf Schulterachse, indem Sie ihn senkrecht zur Decke halten. Beginnen Sie nun mit der Resonanzbewegung. Drücken Sie dazu mit den Händen immer schneller und kräftiger gegen den Ballon.

So vermeiden Sie Fehler

Ziehen Sie die Schulterblätter so nah wie möglich zum Boden. Beenden Sie die Übung rechtzeitig, achten Sie auf Ihre Grenzen! Spannen Sie die Bauchmuskeln leicht an und lassen Sie den Atem fließen.

Body-Forming – Übung 10

Ballooning – die Praxis

 Body-Forming – Übung 11

Durch die Übung trainieren Sie vor allem:
- den Trizeps
- die hintere Schultermuskulatur
- die Muskeln im Bereich des Nackens
- die gesamte Rückenmuskulatur

So wirkt die Übung Die folgende Übung ist zwar sehr anspruchsvoll, dafür aber auch ganz besonders gut wirksam. Sie fordert Couchpotatoes ebenso heraus wie durchtrainierte Sportler. In jedem Fall verbessert sie die gesamte Körperhaltung und hilft bei Bandscheibenproblemen. Die typische Resonanzbewegung am Ende wirkt sich bei dieser Technik auf den gesamten Bewegungsapparat und auch auf die Tiefenmuskulatur des Rückens aus.

▶ **So wird's gemacht** Nehmen Sie eine angenehme Standposition ein. Halten Sie den Ballon hinter dem Rücken zwischen beiden Handflächen. Ziehen Sie die Schultern dabei bewusst nach hinten. Beugen Sie dann den Oberkörper etwas nach vorne, gehen Sie leicht in die Knie und verlagern Sie Ihren Schwerpunkt nach hinten. Versuchen Sie, die Arme möglichst gestreckt zu lassen, und üben Sie leichten Druck auf den DIDIballon® aus. Führen Sie nun langsam und gleichmäßig eine Auf- und Abbewegung durch. Nach rund zehn Wiederholungen halten Sie den Ballon in kleinem Abstand zum Rücken und führen die Resonanzbewegung durch, wobei Sie immer schneller und kräftiger (federnd) gegen den Ballon drücken.

So vermeiden Sie Fehler

Halten Sie den Rücken möglichst gerade und ziehen Sie die Schultern nach hinten. Achten Sie darauf, dass die Kniespitzen mit den Fußspitzen eine Linie bilden und nicht darüber hinausragen. Spannen Sie die Bauchmuskeln an, doch lassen Sie den Atem unbedingt frei strömen.

Body-Forming – Übung 11

Ballooning – die Praxis

Body-Forming – Übung 12

Durch die Übung trainieren Sie vor allem:
- die Ober- und Unterarme
- die Brustmuskulatur
- die großen Rückenmuskeln
- die seitlichen Gesäßmuskeln
- die seitliche Bauchmuskulatur

So wirkt die Übung Hiermit kräftigen Sie Ihren gesamten Bewegungsapparat und verbessern auch die Kraftkoordination. Sie trainieren dabei nicht einzelne Muskeln, sondern eine ganze Muskelkette. Dadurch eignet sich diese Übung sehr gut als allgemeine Fitnessübung und zur Stärkung einer ganzen Reihe wichtiger Muskeln.

▶ **So wird's gemacht** Ausgangsstellung ist die stabile Standposition, bei der die Knie etwas gebeugt und die Gesäßmuskeln leicht angespannt werden. Fixieren Sie den Ballon nun auf der linken Oberschenkelaußenseite unterhalb des Knies. Verlagern Sie dazu den Oberkörper nach rechts, das Gewicht ruht ganz auf dem rechten Bein, die rechte Hand wird locker in die Taille gelegt.

Heben Sie das angewinkelte linke Bein vom Boden ab. Üben Sie mit der linken Hand leichten Druck auf den Ballon aus und bewegen Sie den angehobenen Oberschenkel nun langsam und gleichmäßig etwa zehnmal auf und ab. Halten Sie das Bein dann wieder ruhig und führen Sie die Resonanzbewegung aus, indem Sie mit der Handfläche immer schneller federnd gegen den Ballon drücken. So versetzen Sie Ihren Körper quasi in einen Resonanzkörper, dessen Muskeln auf sanfte Weise gestärkt werden.

So vermeiden Sie Fehler

Führen Sie die Übung auf beiden Körperseiten durch. Das Standbein sollte leicht gebeugt bleiben. Anfangs ist es hilfreich, sich zur Stabilisierung an einer Wand abzustützen.

Body-Forming – Übung 12

Ballooning – die Praxis

 ## Body-Forming – Übung 13

Durch die Übung trainieren Sie vor allem:

- das Gesäß, besonders die seitliche Gesäßmuskulatur
- den Bauch mit seinen seitlichen, geraden und tiefen Muskeln
- das Becken, das so genannte Iliosakralgelenk (ISG)
- den unteren Rücken, also die Lendenwirbelsäule

So wird's gemacht Breiten Sie eine Matte oder ein großes Handtuch aus. Legen Sie sich auf den Rücken und stellen Sie Ihre Füße auf. Nun neigen Sie den linken Oberschenkel zur Seite und platzieren den Ballon genau unter Ihrem Knie. Die Arme werden seitlich ausgestreckt, die Bauchmuskeln angespannt. Das Gesäß berührt den Boden. Üben Sie mit dem linken Bein langsam einen Druck auf den Ballon aus. Steigern und lösen Sie den Druck mehrmals, indem Sie das Bein auf und ab bewegen. Wechseln Sie anschließend die Seite.

So wirkt die Übung Die Übung für Fortgeschrittene strafft den Po, denn sie fordert in hohem Maße die Gesäß-, Becken- und Bauchmuskeln. Daher ist sie sehr empfehlenswert bei Cellulite. Verantwortlich für diese Orangenhaut sind aufgeblähte Fettzellen und ein schwaches Bindegewebe. Je besser der Körper an Stellen wie Bauch, Beinen und Po trainiert ist, desto mehr bilden sich die für die Cellulite typischen hässlichen Dellen zurück. Auch die Muskeln im Beckenbereich und die Unterleibsorgane werden gestärkt.

So vermeiden Sie Fehler

Um einen Krampf zu umgehen, sollten Sie unbedingt Ihre Grenzen beachten! Beenden Sie die Übung im Zweifelsfall lieber zu früh als zu spät. Achten Sie darauf, die Bewegungen langsam und korrekt auszuführen. Das passive Bein sollte immer entspannt sein, das Gesäß bleibt stets in Bodenkontakt. Spannen Sie die Bauchmuskeln während der ganzen Übung leicht an.

Body-Forming – Übung 13

Ballooning – die Praxis

Body-Forming – Übung 14

Durch die Übung trainieren Sie vor allem:

- die Gesäßmuskeln
- die Vorder- und die Rückseite der Oberschenkel
- die Waden
- die großen Rückenmuskeln
- den unteren Rücken, das heißt die Lendenwirbelsäule

So wirkt die Übung Hier liegt Ihnen nun eine ausgesprochene Powerübung vor, denn sie beansprucht besonders die großen Muskeln. Die Wirkung der Übung, die übrigens auch gegen Rückenschmerzen hilft, spürt man anfangs vor allem in den Oberschenkeln; doch tatsächlich werden sehr viel mehr Körperpartien gekräftigt und entwickelt.

▶ **So wird's gemacht** Nehmen Sie die Rückenlage ein und stellen Sie Ihre Füße auf. Platzieren Sie nun den DIDIballoon® zwischen den Knien. Die Arme sind seitlich ausgestreckt und dienen zur Unterstützung der Balance. Heben Sie jetzt das Becken an und strecken Sie das rechte Bein nach vorne durch. Bauen Sie eine intensive Spannung auf, indem Sie mit den Beinen Druck auf den Ballon ausüben. Heben und senken Sie dann das Becken so oft, bis Ihre Leistungsgrenze erreicht ist.

Tipp: Wer besonders fit und gut durchtrainiert ist, kann die Übung noch ein wenig intensivieren. Dazu wird einfach die Ferse des unteren Fußes ein Stück angehoben.

So vermeiden Sie Fehler

Spannen Sie die Bauchmuskeln während der ganzen Übung an. Atmen Sie aus, während Sie das Becken heben, und atmen Sie dann wieder ein, wenn Sie es senken. Vergessen Sie nicht, die Übung auch mit der anderen Seite durchzuführen. Drücken Sie mit den Armen und Händen gegen den Boden, um das Gleichgewicht besser halten zu können.

Body-Forming – Übung 14

Ballooning – die Praxis

Body-Forming – Übung 15

Durch die Übung trainieren Sie vor allem:
- **die Bauchmuskeln**
- **die Innenseite der Oberschenkel**

So wirkt die Übung Diese Powerübung trainiert Ihre Bauchmuskeln innerhalb kürzester Zeit. Das verbessert zugleich Ihre Haltung. Führen Sie diese Body-Forming-Technik allerdings besser nicht zu oft aus: dreimal in der Woche je zwei bis drei Sätze – das reicht völlig für eine gut durchtrainierte Bauchpartie. Wichtig ist jedoch, dass Sie bei jedem Workout auch wirklich an Ihre Grenzen gehen.

▶ **So wird's gemacht** Nehmen Sie die Rückenlage ein und winkeln Sie Ihre Beine an, indem Sie die Füße aufstellen. Fixieren Sie den DIDIballoon® zwischen Ihren Knien. Strecken Sie Ihre Arme nach vorne und berühren Sie den Ballon mit Ihren Fingerspitzen. Falls das nicht klappt, müssen Sie die Beine noch etwas steiler aufstellen.

Heben Sie nun Ihren Kopf an und ziehen Sie Ihr Kinn in Richtung Brustbein. Bewegen Sie den Oberkörper dann in kleinen, federnden Bewegungen auf und ab. Bei jeder Bewegung sollten Ihre Fingerspitzen am Ballon entlang nach oben geschoben werden.

Tipp: Wenn Sie sehr fit sind und schon recht kräftige Bauchmuskeln haben, können Sie noch ein wenig intensiver trainieren: Üben Sie immer, wenn der Oberkörper den höchsten Punkt erreicht, mit den Händen noch einen kurzen, effektiven Druck (nach unten) auf den Ballon aus.

So vermeiden Sie Fehler

Spannen Sie die Bauchmuskulatur während der Übung bewusst an. Atmen Sie jedes Mal aus, wenn Sie den Oberkörper nach oben bewegen. Legen Sie die Schultern zwischendurch nicht auf dem Boden ab. Gehen Sie an Ihre Grenzen, aber nicht darüber hinaus.

Body-Forming – Übung 15

Ballooning – die Praxis

 ## Body-Forming – Übung 16

Durch die Übung trainieren Sie vor allem:
- die Bauchmuskeln
- die Innenseite der Oberschenkel
- die Brustmuskeln

So wirkt die Übung Auch diese Technik ist besonders wirkungsvoll für die Körpermitte. Die Bauchmuskeln werden dabei kurz, aber intensiv trainiert. Vor allem Anfänger treffen hier auf eine echte Herausforderung. Doch es lohnt sich, sie anzunehmen. Denn es wird nicht nur die Figur geformt, sondern auch die Tiefenmuskulatur entwickelt. Das hat positive Folgen für die allgemeine Körperhaltung und den gesamten Bewegungsapparat.

▶ **So wird's gemacht** Nehmen Sie die Rückenlage ein und fixieren Sie den Ballon zwischen den angewinkelten Beinen in Höhe der Knie. Verschränken Sie die Hände hinter dem Kopf, die Ellbogen zeigen dabei in Richtung Oberschenkel.

Nun ziehen Sie die Oberschenkel heran und drücken die Ellbogenspitzen auf den Ballon. Bauen Sie einen Gegendruck auf, indem Sie den Oberkörper nach oben und die Oberschenkel in Richtung Oberkörper drücken.
Führen Sie gleichmäßig rund zehn Auf- und Abbewegungen durch. Halten Sie die Position dann in der Endstellung und profitieren Sie abschließend von der Ihnen längst bekannten Resonanz, indem Sie immer schnellere und immer kleiner werdende Druckbewegungen gegen den Ballon ausführen.

So vermeiden Sie Fehler

Atmen Sie jedes Mal aus, wenn Sie nach oben kommen, also beim Zusammenklappen von Oberkörper und Beinen. Machen Sie zunächst einige langsame Wiederholungen und dann erst die rascheren, federnden Resonanzbewegungen. Schultern und Becken sollten während der Übung nicht abgesetzt werden.

Body-Forming – Übung 16

Ballooning – die Praxis

 Body-Forming – Übung 17

Durch die Übung trainieren Sie vor allem:

- die unteren Bauchmuskeln
- die Innenseite der Oberschenkel
- die Lendenwirbelsäule
- die Armmuskulatur, vor allem den Trizeps

So wirkt die Übung Im Gegensatz zu den beiden vorigen Übungen stärken Sie jetzt vor allem den unteren Bereich der Bauchmuskeln. Da das Training dieser Partie recht anstrengend ist, ist es meist nicht sehr beliebt. Schade, denn die Wirkung kann sich sehen lassen. Sie schlagen nämlich mehrere Fliegen mit einer Klappe: Eine kräftige Bauchmuskulatur hat eine starke Lendenwirbelsäule zur Folge, was die gesamte Haltung verbessert. Ein strafferer Bauch und eine schlanke Taille können allerdings nur durch umfassendes Bauchmuskeltraining erreicht werden. Die unten beschriebene Übung kräftigt neben dem unteren Rücken auch das Becken.

➤ **So wird's gemacht** Nehmen Sie die Rückenlage ein und halten Sie den Ballon zwischen den Oberschenkeln. Die Arme sind seitlich ausgestreckt und dienen zur Unterstützung der Balance. Spannen Sie nun den Bauch an und ziehen Sie die Oberschenkel leicht angewinkelt zu sich heran. Rollen Sie jetzt die Oberschenkel zum Oberkörper und versuchen Sie dabei, das Becken bewusst anzuheben. Benutzen Sie den Druck der Handflächen, um das Becken noch weiter vom Boden wegzubringen.

So vermeiden Sie Fehler

Führen Sie die Bewegung langsam und kontrolliert aus und arbeiten Sie nicht mit zu viel Schwung. Der Kopf bleibt immer auf der Matte liegen. Versuchen Sie, so viele Wiederholungen wie möglich durchzuführen. Atmen Sie aus, wenn Sie die Beine anziehen und das Becken heben. Halten Sie die Füße geschlossen und üben Sie ständig Druck auf den Ballon aus.

Body-Forming – Übung 17

Ballooning – die Praxis

 ## Body-Forming – Übung 18

Durch die Übung trainieren Sie vor allem:

- das Gesäß und das Becken (Iliosakralgelenk)
- die Innenseite der Oberschenkel
- die Rückseite der Beine
- den unteren Rücken (Lendenwirbelsäule)

So wirkt die Übung Die folgende Ballooning-Variante konzentriert sich in erster Linie auf die Gesäßmuskulatur und sorgt für einen festen, straffen Po. Auch hier haben wir wieder die positive Wirkung bei Cellulite, die sich bevorzugt bei Frauen mit schlaffem Bindegewebe bemerkbar macht. Auch die Innenseite der Oberschenkel, eine Muskelgruppe, die im Alltag selten beansprucht wird, profitiert von der Technik. Dabei ist die Übung nicht nur gut für die Figur und das Aussehen der Haut, sie stabilisiert zudem das Becken und die Lendenwirbelsäule und stärkt den gesamten Beckenboden.

▶ **So wird's gemacht** Legen Sie sich auf Ihre Gymnastikmatte und ziehen Sie die Beine an. Fixieren Sie den Ballon zwischen den Oberschenkeln oder Knien. Ziehen Sie die Schultern bewusst nach unten. Üben Sie einen sanften Druck auf den Ballon aus, indem Sie die Oberschenkel zusammendrücken. Bewegen Sie das Becken (Gesäß) dann langsam und gleichmäßig ein wenig auf und ab. Diese Bewegung rund zehnmal ausführen. Abschließend halten Sie das Becken nach oben gekippt und machen mehrmals die Resonanzbewegung, indem Sie die Oberschenkel immer schneller gegen den Ballon drücken und wieder entspannen.

So vermeiden Sie Fehler

Fangen Sie langsam an und steigern Sie den Druck nur ganz allmählich. Ziehen Sie die Schultern während der ganzen Übung leicht nach unten, Kopf und Rücken bleiben immer in Bodenkontakt. Die Beckenkippbewegung ist ziemlich klein. Vermeiden Sie es, das Becken richtig vom Boden abzuheben.

Body-Forming – Übung 18

Ballooning – die Praxis

 Body-Forming – Übung 19

Durch die Übung trainieren Sie vor allem:
- die vordere Halsmuskulatur
- die Nackenmuskeln

So wirkt die Übung Hiermit können Sie Haltungsfehler ausgleichen, die durch eine ungünstige Kopfhaltung entstehen, und Verspannungen im Nackenbereich lockern. Die Übung trainiert einen Muskel, der im Alltag fast nie gefordert wird: den vorderen Halsmuskel. Gut entwickelte Muskeln in diesem Bereich schützen die Halswirbelsäule und wirken sogar mitunter Kopfschmerzen entgegen.

➤ **So wird's gemacht** Begeben Sie sich bäuchlings auf ein großes Handtuch. Legen Sie bei Bedarf ein eingerolltes Handtuch unter das Becken, um den Rücken zu entlasten. Heben Sie dann den Oberkörper an, indem Sie sich mit den Unterarmen abstützen. Platzieren Sie den Ballon zwischen Stirn und Boden. Achten Sie darauf, dass sich weder Steinchen noch andere spitze Gegenstände auf oder unter dem Handtuch befinden! Schließen Sie die Augen und üben Sie etwas Druck mit der Stirn gegen den Ballon aus, dann wieder entspannen. Wechseln Sie mehrmals zwischen An- und Entspannung, die Kopfbewegung soll dabei ruhig und fließend sein.

Tipp: Sie können die Übung auch im Stehen durchführen. Dazu fixieren Sie den DIDIballoon® einfach zwischen Kopf und Wand und stützen sich mit den Unterarmen ab. Achten Sie darauf, dass die Wand ganz glatt ist.

So vermeiden Sie Fehler

Spannen Sie den Bauch während der gesamten Übung leicht an. Drücken Sie den Kopf gerade nach unten oder gegen die Wand. Das Kinn sollte nicht in Richtung Brustbein ausweichen. Atmen Sie immer dann aus, wenn Sie mit der Stirn gegen den Ballon drücken.

Body-Forming – Übung 19

Ballooning – die Praxis

 ## Body-Forming – Übung 20

Durch die Übung trainieren Sie vor allem:

- die Halsmuskeln
- die Nackenmuskeln

So wirkt die Übung Ebenso wie bei der vorhergehenden Übung wird auch bei dieser Variante die Halsmuskulatur trainiert und gelockert. Im Bereich der Halswirbelsäule sind Fehlhaltungen sehr häufig. Die Folgen sind Verspannungen und teilweise sogar degenerative Veränderungen, die mitunter zu lästigen Kopf- und Nackenschmerzen führen können. Vor allem Menschen, die viel am Computer arbeiten, sind von diesem Problem betroffen. Das folgende Workout wirkt gleichermaßen stärkend wie entspannend. Gerade bei langem Sitzen ist es zwischendurch immer wieder sehr empfehlenswert.

➤ **So wird's gemacht** Breiten Sie ein großes Handtuch oder eine Matte aus und legen Sie sich auf den Rücken. Stellen Sie die Füße auf, die Beine sind leicht angewinkelt. Platzieren Sie den Ballon genau unter Ihrem Kopf auf das Handtuch. Die Arme bleiben entspannt, die Hände werden entweder auf dem Bauch oder zur Seite abgelegt. Üben Sie nun einen leichten Druck auf den Ballon aus. Pressen Sie dazu den Hinterkopf auf den Ballon und geben Sie dann wieder nach. Wiederholen Sie die An- und Entspannung mehrmals und führen Sie die Bewegung langsam und fließend aus. Machen Sie anfangs nicht zu viele Wiederholungen, sondern steigern Sie lieber von Tag zu Tag.

So vermeiden Sie Fehler

Atmen Sie aus, wenn Sie den Kopf nach hinten gegen den Ballon drücken. Halten Sie den Kopf immer in der gleichen Stellung und drücken Sie ihn gerade nach unten. Das Kinn sollte nicht in Richtung Brustbein ausweichen. Entspannen Sie das Gesicht, beißen Sie nicht die Zähne zusammen.

Body-Forming – Übung 20

Ballooning – die Praxis

Body-Balancing

Diese Workouts sprechen Ihren Gleichgewichtssinn an und stärken ihn. Sie werden sich Ihres Körpers noch mehr bewusst. Je länger Sie die Positionen halten, desto besser werden die Muskeln gestärkt.

 ## Body-Balancing – Übung 1

Durch die Übung trainieren Sie vor allem:

- Koordination und Beweglichkeit
- Schultern, Brust, Bauch, Beine, Gesäß und die Tiefenmuskulatur

So wirkt die Übung Das ideale Warm-up bereitet Sie auf die anderen Body-Balancing-Varianten vor. Es verbessert Koordination und Körperbewusstsein, was sich im Alltag bald bemerkbar macht. Gleichzeitig wird die Tiefenmuskulatur entwickelt. Intramuskuläres Training ist im Fitnessbereich immer noch die Ausnahme, während die Physiotherapie schon lange die enorme Bedeutung der Tiefenmuskeln für Haltung und Bewegungsapparat erkannt hat.

▶ **So wird's gemacht** Stehen Sie mit leicht gebeugten Knien und spannen Sie das Gesäß an. Halten Sie den Ballon in der linken Handfläche und strecken Sie den Arm nach vorne durch. Der rechte Arm wird hinter dem Rücken verschränkt. Verlagern Sie das Körpergewicht auf das linke Bein und heben Sie den rechten Oberschenkel gestreckt ein wenig vom Boden ab. Kreisen Sie nun den Oberschenkel im Uhrzeigersinn und den Ballon gegen den Uhrzeigersinn. Führen Sie die Übung durch, bis Ihnen richtig warm wird. Pausieren Sie dann und wechseln Sie die Seiten.

So vermeiden Sie Fehler

Achten Sie darauf, dass Sie mit Beinen und Armen gleichmäßig kreisen. Versuchen Sie, die Kreise allmählich größer werden zu lassen. Um das Gleichgewicht besser zu halten, können Sie einen Punkt auf dem Boden fixieren. Bleiben Sie entspannt, das hilft, die Balance zu bewahren.

Body-Balancing – Übung 1

Body-Balancing – Übung 2

Durch die Übung trainieren Sie vor allem:

- die Gesäßmuskeln
- die Oberschenkel und die Waden
- die Rückenmuskulatur, die Schultern und den Nacken

So wirkt die Übung Diese Ballooning-Variante ist eine sehr gute Kraftkoordinationsübung. Sie ist einfacher, als sie zunächst scheint. Durch die seitlichen Kippbewegungen des Körpers wird eine Schwingung erzeugt, dank derer sowohl die Tiefenmuskulatur des Rückens als auch die Körperstatik optimal entwickelt werden können. Außerdem werden weitere Partien gestärkt.

➤ **So wird's gemacht** Nehmen Sie eine angenehme Standposition ein. Die Oberschenkel sind hüftbreit geöffnet. Klemmen Sie den Ballon zwischen Ihre Knie und üben Sie leichten Druck auf ihn aus. Beugen Sie nun den Oberkörper etwas nach vorne und verlagern Sie Ihren Schwerpunkt nach hinten. Gehen Sie dabei ein wenig in die Knie. Verschränken Sie die Arme hinter dem Körper und ziehen Sie die Schulterblätter zusammen; das heißt, Sie bringen die Schultern nach hinten. Verlagern Sie Ihren Schwerpunkt nun zur linken Seite und heben Sie Ihren rechten Fuß leicht vom Boden ab. Spannen Sie die Muskeln an, indem Sie Druck auf den Ballon ausüben. Halten Sie diese Position so lange Sie können. Wechseln Sie dann die Seite. Wenn möglich, die Übung mehrmals wiederholen.

Tipp: Um die Übung zu intensivieren, können Sie die Ferse des Fußes, der jeweils den Boden berührt, leicht anheben.

So vermeiden Sie Fehler

Gehen Sie nicht zu tief in die Knie, die Kniespitze soll nicht über die Zehen hinausragen. Ziehen Sie die Schultern nach hinten und atmen Sie entspannt weiter.

Body-Balancing – Übung 2

Mit dieser Übung erreichen Sie eine Kräftigung vieler Muskelpartien. Wichtig ist dabei, dass Sie die Schulterblätter zusammenziehen.

Ballooning – die Praxis

 ## Body-Balancing – Übung 3

Durch die Übung trainieren Sie vor allem:
- die Oberschenkel
- die Wadenmuskulatur
- den Gleichgewichtssinn

So wirkt die Übung Die folgende Ballooning-Variante sieht leichter aus, als sie ist. Aber keine Sorge, Sie werden sie bestimmt prima meistern. Sie ist sehr wirkungsvoll, nicht nur als Koordinationsübung, sondern auch als Warm-up, beispielsweise zu Beginn Ihrer Body-Balancing-Serie. Darüber hinaus ist sie eine ausgezeichnete Gleichgewichtsübung, die das Bewusstsein für den eigenen Körper schult. Ganz nebenbei sorgt sie noch für schöne Beine.

▶ **So wird's gemacht** Nehmen Sie eine angenehme, stabile Standposition ein. Dazu sollten die Knie ein klein wenig gebeugt werden. Platzieren Sie den DIDIballoon® zwischen Ihren Knien. Verlagern Sie Ihr Körpergewicht auf das rechte Bein, der Schwerpunkt des Oberkörpers verschiebt sich dadurch leicht nach rechts. Heben Sie dann langsam den linken Unterschenkel an. Verschränken Sie die Arme für die Dauer der Übung hinter dem Rücken.
Sobald Sie stehen können ohne zu wackeln, dürfen Sie die Übung noch intensivieren: Heben Sie die rechte Ferse an, das heißt, Sie stellen sich auf die Zehen. Halten Sie die Position so lange wie möglich und atmen Sie entspannt weiter.

So vermeiden Sie Fehler

Vergessen Sie nicht, die Übung auch mit dem anderen Bein durchzuführen. Das angehobene Bein bildet einen 90-Grad-Winkel. Die hintere Fußspitze zeigt nach unten. Geben Sie nur leichten Druck auf den Ballon, denn es geht hier nicht um Kraft, sondern um die Schulung des Gleichgewichts. Die Balance zu halten fällt Ihnen leichter, wenn Sie einen Punkt auf dem Boden fixieren.

Body-Balancing – Übung 3

Ballooning – die Praxis

 ## Body-Balancing – Übung 4

Durch die Übung trainieren Sie vor allem:

- Unter- und Oberarme (Bizeps und Trizeps)
- die Vorder- und Rückseite der Schultern
- die Nackenmuskeln und den Brustbereich
- Gesäß, Beine und Bauch
- den Rücken mit Hals-, Brust- und Lendenwirbelsäule

So wirkt die Übung Diese intensive Tiefenkräftigungsübung stärkt die Körperhaltung und stabilisiert die ganze Wirbelsäule. Das kommt Ihrem gesamten Aussehen zugute. Alle Muskeln werden auf sanfte Weise beansprucht – und zwar nicht nur oberflächlich, sondern auch in der Tiefe.

▶ **So wird's gemacht** Nehmen Sie den Vierfüßlerstand ein und platzieren Sie den Ballon auf einer glatten, weichen Unterlage (Gymnastikmatte) unter dem rechten Unterarm. Anfangs können Sie sich mit den Fingerspitzen am Boden abstützen, doch ideal wäre es, wenn die Finger den Boden nicht berührten. Sobald Sie in dieser Stellung gut ausbalanciert sind, heben Sie langsam den rechten Oberschenkel und strecken das Bein nach hinten durch. Heben Sie jetzt noch den linken Arm ab und strecken Sie ihn zur Seite. Halten Sie den Körper in dieser Stellung möglichst ruhig. Haben Sie Geduld, wenn das nicht gleich gelingt. Anfangs genügen wenige Sekunden, dann allmählich steigern. Wechseln Sie anschließend die Seiten.

Vorsicht: Wenn Sie über 85 Kilogramm wiegen, sollten Sie den Ballon durch ein großes Kissen ersetzen!

So vermeiden Sie Fehler

Strecken Sie das hintere Bein nicht zu stark nach hinten durch. Das Becken sollte nicht nach oben ausweichen. Gehen Sie langsam in jede Phase der Stellung. Atmen Sie entspannt.

Body-Balancing – Übung 4

Ballooning – die Praxis

 ## Body-Balancing – Übung 5

Durch die Übung trainieren Sie vor allem:

- die Oberarme, besonders den Trizeps
- die Vorderseite der Schultern und die Brust
- Gesäß und Oberschenkel
- die Vorderseite der Unterschenkel
- den gesamten Rücken, die Wirbelsäule und die Bauchmuskeln

So wirkt die Übung Die folgende Übung ist ein ideales Ganzkörpertraining, auch für zwischendurch. Die Tiefenmuskulatur wird in vielen Bereichen gekräftigt und die Wirbelsäule ausgezeichnet stabilisiert. Im Gegensatz zur vorhergehenden Variante werden die Schwingungen des Ballons nicht von oben (durch den Unterarm), sondern von unten mit dem Unterschenkel ausgelöst. Daher werden teilweise andere Muskeln beansprucht.

▶ **So wird's gemacht** Nehmen Sie den Vierfüßlerstand ein. Die Hände befinden sich dabei unter den Schultergelenken, die Knie unterhalb der Hüften, und die Ellbogen bleiben leicht gebeugt. Platzieren Sie jetzt den Ballon unter Ihrem linken Fußrücken. Sobald Sie die Stellung gut ausbalanciert haben, strecken Sie ganz langsam das rechte Bein nach hinten durch. Strecken Sie anschließend den linken Arm nach vorne. In der Endstellung bilden rechter Oberschenkel, Rücken und linker Arm eine Linie. Halten Sie diese Position möglichst lange und wechseln Sie dann die Seite.

So vermeiden Sie Fehler

Während Sie die Position halten, sollten Sie ganz locker und gelöst weiteratmen. Spannen Sie die Bauchmuskeln leicht an, der Blick geht in Richtung Boden. Geben Sie nicht zu schnell auf! Anfangs genügt es, die Stellung nur wenige Sekunden zu halten. Das reicht vollkommen. Mit der Zeit werden Sie dann eine Minute oder länger schaffen.

Body-Balancing – Übung 5

67

Ballooning – die Praxis

 ## Body-Balancing – Übung 6

Durch die Übung trainieren Sie vor allem:

- die Schultermuskulatur, Brust und Bauch
- die Beine und das Gesäß (wirkt dadurch Cellulite entgegen)
- die Koordination
- außerdem geeignet als Warm-up vor sportlichen Aktivitäten

So wirkt die Übung Diese effektive Koordinationsübung können Sie sehr gut auch zum Aufwärmen nutzen. Sie ist eine Variante der ersten Body-Balancing-Technik (siehe Seite 58), bei der Arme und Beine nicht diagonal, sondern parallel trainiert werden. Die Übung entwickelt ein gutes Körperbewusstsein und stärkt den Sinn für das richtige Gleichgewicht, auf körperlicher wie auf seelischer Ebene. Ferner wird die Tiefenmuskulatur gekräftigt, wovon die ganze Körperhaltung und somit auch die äußere Erscheinung profitieren. Denn wer sich aufrecht und sicher bewegt und in Harmonie mit sich selbst ist, hat in jedem Fall eine positive Ausstrahlung.

➤ **So wird's gemacht** Nehmen Sie eine stabile Standposition ein; beugen Sie die Knie dazu ein wenig und spannen Sie das Gesäß an. Halten Sie den DIDIballon® in der rechten Handfläche und strecken Sie den Arm nach vorne durch. Nun den linken Arm hinter dem Rücken verschränken. Verlagern Sie dann das Körpergewicht auf das linke Bein und heben Sie den rechten Oberschenkel gestreckt etwas vom Boden ab. Sobald Sie stabil stehen, kreisen Sie den Oberschenkel im Uhrzeigersinn und den Ballon gegen den Uhrzeigersinn. Anschließend dürfen Sie kurz pausieren und danach die Seiten wechseln.

So vermeiden Sie Fehler

Führen Sie gleichmäßige und allmählich immer größere Kreise aus. Um das Gleichgewicht besser zu halten, können Sie einen Punkt auf dem Boden fixieren.

Body-Balancing – Übung 6

69

Ballooning – die Praxis

 Body-Balancing – Übung 7

Durch die Übung trainieren Sie vor allem:

- Unter- und Oberarme (Bizeps und Trizeps)
- die Vorder- und Rückseite der Schultern
- die Nackenmuskeln und den Brustbereich
- Gesäß und Beine
- den gesamten Rücken mit Hals-, Brust- und Lendenwirbelsäule
- die Bauchmuskeln

So wirkt die Übung Dies ist eine Variante von Übung 4 (siehe Seite 64). Sie stabilisiert die Körperhaltung und gleicht Fehlstellungen im Bereich der Wirbelsäule aus. Durch das Verharren in der Gleichgewichtsposition werden die gelenknahen Muskeln sanft, aber wirkungsvoll gestärkt.

▶ **So wird's gemacht** Nehmen Sie den Vierfüßlerstand ein und platzieren den Ballon unter dem rechten Unterarm. Anfänger können sich mit den Fingerspitzen zunächst noch am Boden abstützen. Sobald Sie gut im Gleichgewicht sind, heben Sie den linken Oberschenkel an und strecken das Bein nach hinten durch. Wenn Ihnen das ohne Wackeln gelingt, heben Sie den linken Arm und strecken ihn waagrecht zur Seite. Ihr Körper bleibt in dieser Endstellung so ruhig wie möglich. Steigern Sie allmählich die Zeit des Durchhaltens, von wenigen Sekunden bis zu einer Minute oder darüber hinaus. Wechseln Sie dann die Seite.

Vorsicht: Wenn Sie mehr als 85 Kilogramm wiegen, sollten Sie den Ballon besser durch ein großes Kissen ersetzen!

So vermeiden Sie Fehler

Das hintere Bein bleibt beim Durchstrecken leicht gebeugt. Achten Sie darauf, dass Ihr Becken so wenig wie möglich nach oben ausweicht. Falls Sie mit dieser Stellung Probleme haben, sollten Sie erst ohne Ballon üben.

Body-Balancing – Übung 7

Ballooning – die Praxis

 ## Body-Balancing – Übung 8

Durch die Übung trainieren Sie vor allem:

- die Oberarme, besonders den Trizeps
- die Vorderseite der Schultern und die Brust
- Gesäß und Oberschenkel
- die Vorderseite der Unterschenkel
- den gesamten Rücken, die Wirbelsäule und die Bauchmuskeln

So wirkt die Übung Dies ist eine Variante zu Übung 5 (siehe Seite 66). Sie hält ebenfalls den ganzen Körper fit, kräftigt die Tiefenmuskulatur und ist ein hervorragendes Wirbelsäulentraining. Ein stabiler Rücken wirkt sich bekanntlich positiv auf die gesamte Körperhaltung aus. Im Gegensatz zu Übung 5 werden jetzt Arm und Bein jedoch nicht diagonal, sondern parallel trainiert. Das ist wesentlich schwieriger, und die betroffenen Partien werden noch stärker angesprochen. Insbesondere die Bein- und Pomuskeln, die zu den Problemzonen gehören, werden gestrafft.

▶ **So wird's gemacht** Nehmen Sie den Vierfüßlerstand ein. Platzieren Sie die Hände unter den Schultergelenken und die Knie unterhalb der Hüften. Die Ellbogen bleiben etwas gebeugt. Fixieren Sie den Ballon unter Ihrem rechten Fußrücken. Sobald Sie im Gleichgewicht sind, strecken Sie langsam das linke Bein nach hinten durch. Anschließend strecken Sie den linken Arm gerade nach vorne. Linker Oberschenkel, Rücken und linker Arm bilden in der Endposition eine Linie. Je länger Sie die Balance halten können, desto besser ist die Wirkung für die angesprochenen Muskelpartien. Wechseln Sie anschließend die Seite. Denken Sie daran, dass Sie hinterher kurz relaxen und der Übung noch ein wenig nachspüren.

So vermeiden Sie Fehler

Spannen Sie die Bauchmuskeln leicht an, der Blick geht in Richtung Boden. Halten Sie das Becken gerade. Geben Sie nicht zu schnell auf! Anfangs genügen schon wenige Sekunden.

Body-Balancing – Übung 8

Body-Relaxation

Die letzte Workout-Reihe ist der ideale, entspannende Trainingsabschluss. Schenken Sie einer Auswahl der folgenden Übungen stets genug Zeit, denn sie sorgen dafür, dass Stress abgebaut wird und nicht nur die Kraft der Muskeln, sondern auch die der Seele zunimmt.

Body-Relaxation – Übung 1

So wirkt die Übung Die erste Technik löst vor allem Blockaden in Schultern und Nacken. Eine ungünstige Körperhaltung, am Schreibtisch, am Computer oder im Alltag, kann zu Verkrampfungen in diesem Bereich führen. Die Kombination aus Entspannung und Bewegung wirkt oft Wunder. Sie sollten die Übung ruhig immer wieder zwischendurch machen, um die Durchblutung in Schultern und Nacken sanft anzuregen, Stoffwechselablagerungen abzubauen und Energieblockaden zu lösen.

▶ **So wird's gemacht** Legen Sie sich auf den Rücken. Die Arme sind seitlich ausgestreckt, und die Handflächen zeigen nach oben. Stellen Sie die Füße auf. Falls es für Sie bequemer ist, lassen Sie diese ausgestreckt. Platzieren Sie den Ballon in einer angenehmen Position unter dem Kopf. Schließen Sie die Augen, entspannen Sie und atmen Sie tief in den Bauch ein und wieder aus. Führen Sie nun leichte, langsame Resonanzbewegungen aus, indem Sie den Hinterkopf sanft und gleichmäßig gegen den Ballon drücken und wieder nachgeben. Wiederholen Sie diese Bewegung einige Male ganz locker.

Tipps für eine tiefe Entspannung

Achten Sie darauf, dass Ihr Kopf in einer bequemen Position liegt. Lassen Sie das Gewicht Ihres Kopfes ganz bewusst vom Ballon tragen. Atmen Sie ruhig und entspannt durch die Nase und versuchen Sie, das Ausatmen allmählich zu verlängern: Atmen Sie etwa 4 Sekunden ein und 8 Sekunden aus. Bleiben Sie nach einigen lockeren, federnden Bewegungen gegen den Ballon ganz still liegen und spüren Sie die Schwere Ihres Kopfes.

Body-Relaxation – Übung 1

Body-Relaxation – Übung 2

So wirkt die Übung Die folgende Übung lockert vor allem den unteren Rücken, genauer gesagt die Lendenwirbelsäule und das Iliosakralgelenk. Gerade das Becken und der untere Teil des Rückens sind oft verspannt oder sogar blockiert. Durch die Resonanzbewegungen entsteht leichte Wärme im DIDIballoon®, die sich wiederum entkrampfend und lösend auf den ganzen unteren Rücken auswirkt. Durch diese Relaxation-Technik wird das neuromuskuläre System in Harmonie gebracht, und Stoffwechselschlacken werden leichter ausgeschieden. Nicht zuletzt verbessert die Übung die Sensibilität für den Bereich des Beckens und des unteren Rückens und wirkt somit unerwünschten Haltungsfehlern entgegen.

▶ **So wird's gemacht** Legen Sie sich ganz entspannt auf den Rücken und platzieren Sie den Ballon in einer angenehmen Position unter Ihrem Becken. Strecken Sie jetzt die Arme locker zur Seite aus und stellen Sie die Füße auf, sodass die Beine angewinkelt sind. Stützen Sie Ihr Gewicht zunächst nur teilweise mit den Füßen und Armen ab und führen Sie dann kleine Auf- und Abbewegungen mit dem Becken gegen den Ballon aus. Geben Sie nun immer mehr Gewicht an den Ballon ab und entspannen Sie sehr bewusst die Rücken- und Beckenbodenmuskulatur.

Vorsicht: Falls Sie über 85 Kilogramm wiegen, sollten Sie den Ballon durch ein großes Kissen ersetzen! Führen Sie die Übung nur in weicher Kleidung aus; spitze Gegenstände wie Nieten an Jeans oder einem Gürtel dürfen den Ballon nicht berühren.

Tipps für eine tiefe Entspannung

Schließen Sie die Augen und atmen Sie tief in den Bauch hinein. Gehen Sie ganz langsam und vorsichtig in die Entspannungsposition. Überlassen Sie Ihr Gewicht dann allmählich immer mehr dem DIDIballoon®.

Body-Relaxation – Übung 2

Body-Relaxation – Übung 3

So wirkt die Übung Diese Ballooning-Variante dient dazu, Becken, Lendenwirbelsäule und Iliosakralgelenk zu entlasten. Sie hilft außerdem, störende Blockaden im Bereich der Körpermitte zu beseitigen. Auch dies wiederum kommt letztendlich Ihrer gesamten Haltung und Ausstrahlung zugute. Die während der Übung erzeugten Schwingungen lösen Druck und Spannungen, regen gleichzeitig die Durchblutung an und verbessern die Sauerstoffversorgung.

▶ **So wird's gemacht** Wählen Sie wieder eine glatte Unterlage, beispielsweise ein Handtuch oder eine Gymnastikmatte, und legen Sie sich auf den Rücken. Stellen Sie die Füße an, heben Sie das Becken und platzieren Sie den Ballon genau unter dem Becken.
Achten Sie wiederum darauf, dass keine spitzen Gegenstände mit dem Ballon in Kontakt kommen. Vorsicht bei Jeans mit Nieten oder bei Gürteln!
Legen Sie nun die Arme seitlich mit den Handflächen nach unten und stützen Sie mit ihnen einen Teil Ihres Gewichts ab. Schließen Sie die Beine und führen Sie erst den einen, dann auch den anderen Oberschenkel langsam in Richtung Oberkörper. Die Beine sind dabei angewinkelt. Schwingen Sie jetzt langsam und gleichmäßig mit den Oberschenkeln in Richtung Brustkorb. Winzige, federnde Bewegungen genügen dabei vollkommen.

Vorsicht: Falls Sie über 85 Kilogramm wiegen, sollten Sie den Ballon durch ein großes Kissen ersetzen!

Tipps für eine tiefe Entspannung

Gehen Sie sehr langsam in die Position und lösen Sie diese ebenso behutsam wieder. Schließen Sie die Augen und geben Sie allmählich mehr Gewicht an den Ballon ab, indem Sie mit den Armen immer weniger gegen den Boden drücken. Richten Sie Ihr Bewusstsein ganz auf die kleinen, lockernden Bewegungen und vergessen Sie für die Dauer der Übung alle belastenden Gedanken.

Body-Relaxation – Übung 3

Body-Relaxation – Übung 4

So wirkt die Übung Die folgende Übung ist sowohl eine gute Entspannung als auch eine hervorragende Dehnung. Gerade wenn Sie öfter an Rückenschmerzen leiden oder viel Zeit Ihres Lebens im Sitzen verbringen, sollten Sie diese Ballooning-Technik regelmäßig in Ihren Alltag einbauen. Sie hilft sehr gut gegen Schmerzen in der Lendenwirbelsäule und löst Blockaden im Iliosakralgelenk. Darüber hinaus werden Oberschenkel und Gesäß sanft gedehnt, und die Flexibilität in diesem Bereich nimmt zu.

➤ **So wird's gemacht** Die Übung lässt sich ganz prima mit der vorangehenden (siehe Seite 78, Übung 3) kombinieren. Die Ausgangsstellung ist die gleiche: Sie liegen auf dem Rücken, der Ballon ist unter Ihrem Becken platziert. Bei dieser Variante ziehen Sie jedoch einen Oberschenkel möglichst nah zum Brustkorb. Umfassen Sie dazu die Kniekehle mit Ihren Händen und ziehen Sie sanft. Den anderen Oberschenkel senken Sie dann langsam in Richtung Boden. Das Bein sollte dabei so gestreckt wie möglich sein, zugleich aber vollkommen entspannt bleiben. Halten Sie die Stellung, solange es Ihnen angenehm ist. Strecken Sie das Bein dann langsam wieder aus und wechseln Sie die Seiten.

Vorsicht: Ein Großteil Ihres Körpergewichts ruht bei dieser Übung auf dem Ballon. Falls Sie über 85 Kilogramm wiegen, sollten Sie den Ballon besser durch ein großes Kissen ersetzen, denn er könnte sonst eventuell Schaden nehmen!

Tipps für eine tiefe Entspannung

Führen Sie alle Bewegungen sehr langsam und sanft durch. Vermeiden Sie auf dem Ballon grundsätzlich ruckartige, schnelle Bewegungen. Legen Sie den jeweils vorderen Oberschenkel mit der Ferse auf dem Boden ab. Schließen Sie die Augen, lassen Sie den Atem völlig entspannt fließen und bleiben Sie mit Ihrer ganzen Aufmerksamkeit bei der Übung.

Body-Relaxation – Übung 4

Body-Relaxation – Übung 5

So wirkt die Übung Die folgende Übung ist wunderbar entspannend, sowohl für den Körper als auch für die Seele. Das werden Sie schnell selbst merken. Sie ist eine Variante der so genannten Krokodilübung, die Sie vielleicht aus dem Yoga kennen. Die sanfte Technik entspannt die gesamte Wirbelsäule und baut Verspannungen in Schultern, Nacken, Rücken und Becken ab. Darüber hinaus wird die Wirbelsäule mobilisiert, das heißt, Ihre Beweglichkeit erhöht sich. Dies wirkt sich günstig auf den gesamten Bewegungsapparat aus. Und schließlich werden auch noch die Atmung und damit die Sauerstoffaufnahme aktiviert. Das hat den Effekt, dass Sie sich nach dem Üben insgesamt wesentlich fitter fühlen.

▶ **So wird's gemacht** Legen Sie sich auf den Rücken und platzieren Sie den Ballon unter dem Kopf. Ziehen Sie die Beine an und stellen Sie die Füße auf. Falls Sie noch einen zweiten DIDIballoon® zur Verfügung haben, stellen Sie die Füße auf den zweiten Ballon. Strecken Sie die Arme seitlich aus und drehen Sie die Handflächen nach oben. Schließen Sie dann die angewinkelten Beine.

Führen Sie nun eine sehr langsame Gegendrehbewegung durch. Dazu neigen Sie die Oberschenkel zur rechten Seite und drehen Ihren Kopf gleichzeitig nach links. Dann zur Mitte zurückkommen und entgegengesetzt drehen, also die Beine nach links, den Kopf nach rechts. Wiederholen Sie dies einige Male. Achten Sie darauf, dass die Oberschenkel geschlossen bleiben, und spannen Sie den Bauch während der Übung leicht an. Drehen Sie Kopf und Arme nur so weit, wie es Ihnen angenehm ist.

Tipps für eine tiefe Entspannung

Führen Sie die Bewegung sehr langsam und gleichmäßig aus. Arbeiten Sie dabei synchron mit der Atmung: Wenn Sie zur Mitte kommen, atmen Sie ein, wenn Sie Kopf und Beine zur Seite drehen, atmen Sie aus. Genießen Sie diese meditative Bewegung. Spüren Sie dabei Ihren Körper ganz bewusst.

Body-Relaxation – Übung 5

Body-Relaxation – Übung 6

So wirkt die Übung Dies ist eine herrliche Entspannung für den gesamten Unterkörper. Die wohltuenden Schwingungen, die Sie während der Übung erzeugen, übertragen sich auf die Knie, das Becken, die Oberschenkel und sogar auf die Wirbelsäule. Durch die kleinen, lösenden Bewegungen werden die Muskeln sehr gut gelockert. Es findet eine bessere Blutversorgung statt, und Stoffwechselschlacken werden schneller abtransportiert. Die Übung ist übrigens eine ideale Venenpumpe für alle, die viel stehen oder sitzen müssen und darüber hinaus womöglich noch an Krampfadern leiden. Übrigens: Jegliches Training der Beinmuskeln nützt auch den Venen.

▶ **So wird's gemacht** Sie liegen ganz bequem auf dem Rücken. Schließen Sie die Augen und legen Sie die Arme entspannt neben dem Körper ab. Strecken Sie die Beine aus und positionieren Sie die Füße und die Unterschenkel vorsichtig auf dem Ballon. Falls Sie noch einen zweiten DIDIballoon® besitzen, dürfen Sie diesen jetzt unter den Kopf legen. Ansonsten tut es auch ein kleines Kissen. Achten Sie darauf, dass die Beine und die Füße geschlossen sind. Während die Beine gestreckt bleiben, ziehen Sie nun die Fußspitzen langsam in Richtung Oberkörper und strecken diese dann wieder aus. Wiederholen Sie die Auf- und Abbewegungen mit den Füßen einige Male, wobei Sie das Tempo nach und nach steigern, bis eine angenehme, gleichmäßige Schwingung entsteht.

Tipps für eine tiefe Entspannung

Lassen Sie den Atem so entspannt wie möglich strömen und genießen Sie die Schwingungen, die sich vom Ballon auf Ihren Körper übertragen. Falls es zwischendurch ein klein wenig zu anstrengend wird, legen Sie die Füße kurz locker ab und wiederholen die Bewegung der Füße dann noch einmal. Achten Sie bitte darauf, dass Ihr Kopf nicht zu weit nach unten gerichtet ist und dass er möglichst bequem liegt.

Body-Relaxation – Übung 6

Balooning – die Praxis

 ## Body-Relaxation – Übung 7

So wirkt die Übung Auch die letzte Body-Relaxation-Technik ist eine vorzügliche Anti-Stress-Übung. Die Beine werden auf dem Ballon abgelegt und tief entspannt. Doch Sie sollten auch alle anderen Muskeln des Körpers bewusst locker lassen: die von Gesäß, Rücken, Armen, Schultern, Nacken und Gesicht. Es wird Ihnen sicher recht leicht fallen, da minimale, sanfte Bewegungen mit den Beinen ganz automatisch eine Welle der Entspannung erzeugen, die sich auf den gesamten Organismus überträgt. Die Übung wird mit einer tiefen Atmung kombiniert, die zusätzlich dazu beiträgt, körperliche und seelische Verkrampfungen loszulassen. Diese Ballooning-Variante ist in der Tat die ideale Verschnaufpause für zwischendurch.

▶ **So wird's gemacht** Legen Sie sich mit dem Rücken auf eine Gymnastikmatte oder eine ähnlich weiche Unterlage. Platzieren Sie den Ballon quer unter Ihren Füßen. Die Beine sind gestreckt und leicht geöffnet. Es kann etwas dauern, bis Sie die ideale Stellung gefunden haben. Probieren Sie in aller Ruhe aus, wo die optimale Auflagefläche ist. Das kann an den Fersen oder etwas höher im Bereich der Unterschenkel sein. Strecken Sie die Arme entspannt neben dem Körper aus und schließen Sie nun die Augen. Sobald die Stellung bequem ist, entspannen Sie alle Muskeln Ihres Körpers. Unterstützen Sie dies, indem Sie durch die Nase ein- und etwa doppelt so lange durch den Mund ausatmen. Hören Sie erst dann auf, in dieser Haltung und bei dieser Atemtechnik zu bleiben, wenn es Ihnen unangenehm wird.

Tipps für eine tiefe Entspannung

Um die Entspannung noch ein wenig zu fördern, können Sie kleinste Bewegungen mit den Beinen durchführen und diese mehrmals sanft von links nach rechts pendeln lassen. Besonders angenehm ist es, die Füße barfuß auf den Ballon zu legen. Gerade in der warmen Jahreszeit sollten Sie Ihre Füße ohnehin öfter mal von einengenden Schuhen befreien.

Body-Relaxation – Übung 7

Die besten Ballooning-Programme

Trainingspläne für jeden Typ

Sie wissen nicht, welche Übungen Sie auswählen sollen? Hier werden Ihnen verschiedene Trainings-Reihen vorgestellt. Sicher ist eine dabei, die genau zu Ihnen passt.

Gehen Sie mit den Ballooning-Übungen frei und kreativ um. Gerade dann macht das Training besonders viel Spaß. Denken Sie daran: Sie können nichts falsch machen, solange Sie nicht übertreiben. Ballooning ist ein spielerisches Training, bei dem Sie Freude haben und auf keinen Fall verbissen vorgehen sollten. Prinzipiell können Sie jede Übung mit dem DIDIballoon® als Einzelübung ausführen, einfach so zwischendurch. Das bringt ein wenig Bewegung in Ihren Alltag und lockert Ihre Muskeln.

8-Minuten-Workout

Wenn Sie Ballooning gezielt als Fitnesstraining anwenden wollen, sollten Sie dazu immer mehrere Übungen in Folge durchführen. Wichtig: Alle drei Säulen (siehe Seite 10) müssen dabei zur Anwendung kommen. Suchen Sie also sowohl Übungen aus dem Bereich Body-Forming als auch einige Body-Balancing- und Body-Relaxation-Techniken aus. Wenn Sie jeweils ein bis zwei Übungen aus den drei Kategorien auswählen, haben Sie schnell ein wirkungsvolles, kleines Programm zusammengestellt, für das Sie nur rund 8 Minuten Zeit brauchen. Vernachlässigen Sie aber dennoch die Entspannungsphasen am Schluss nicht!

Falls einmal extrem wenig Zeit zum Üben ist, macht auch schon eine einzige Ballooning-Variante Sinn, um den Körper zwischendurch zu lockern.

Trainingspläne für jeden Typ

Im Folgenden möchte ich Ihnen noch einige spezielle Programme vorstellen. Die einfachen dauern nur wenige Minuten, für die anspruchsvollen brauchen Sie etwas länger. Doch auch hier gilt: Gehen Sie spielerisch mit den Programmen um. Wenn Sie einmal weniger Zeit haben, überspringen Sie die eine oder andere Übung. Ideal ist es übrigens, wenn Sie sich drei- bis viermal in der Woche etwas Zeit für den DIDIballoon® reservieren können. Planen Sie dafür mindestens 8 Minuten, besser 10 bis 15 Minuten ein.

Die besten Ballooning-Programme

Tipp: Wer oft Eile hat, sollte wissen, dass es besser ist, wenige Übungen konzentriert und bewusst durchzuführen als viele hastig und oberflächlich. Das Ziel von Ballooning ist, den Stress abzubauen und nicht womöglich noch neuen zu erzeugen!

Easy Fitness für Couchpotatoes

Das erste Programm ist ideal für Einsteiger und alle, die ihre Zeit lieber auf dem Sofa als im Fitnessstudio verbringen. Gerade sie sollten zwischendurch unbedingt immer wieder für Bewegung sorgen. Wer keinen Sport treibt, hat nämlich möglicherweise ein schwaches Immunsystem, leidet eher an Übergewicht und Rückenschmerzen und gerät meist schon bei kleinen Anstrengungen außer Puste. Das muss nicht sein!

Wenn Sie erst einmal den Einstieg ins Training gefunden haben, sind Sie sicher bald mit großer Freude bei der Sache.

Die folgende Ballooning-Serie macht Sie tatsächlich schon in kurzer Zeit relativ fit. Wenn Sie diese regelmäßig trainieren, erhöht sie Ihre körperliche Beweglichkeit, strafft Ihre Muskeln und schützt somit Ihre Gesundheit. Sie werden sehen, dass dadurch sogar Ihre Lebensfreude steigt und Sie grundsätzlich im Alltag aktiver sind.

Reihenfolge der Easy-Fitness-Übungen
- Body-Forming: Übung 2, 5, 9, 12, 15 und 18
- Body-Balancing: Übung 1, 2 und 4
- Body-Relaxation: Übung 1, 2 und 7

Ratschläge fürs optimale Training
- Führen Sie jede Übung nur einmal aus, und zwar so lange, bis der jeweilige Muskel ermüdet. Dann kurz pausieren und zur nächsten Übung übergehen.
- Muten Sie sich anfangs nicht zu viel zu. Beachten Sie Ihre Grenzen und bedenken Sie: In kleinen Schritten kommen Sie auf Dauer schneller zum Erfolg.
- Erleben Sie jede Ballooning-Übung ganz bewusst und lassen Sie dabei alles los, auf körperlicher wie auf seelischer Ebene.

Das Allround-Programm für Fortgeschrittene

- Nutzen Sie Ballooning als Einstieg in ein aktiveres, energievolleres Leben. Gehen Sie außerdem öfters spazieren, steigen Sie immer wieder einmal aufs Rad, benutzen Sie die Treppe statt den Aufzug.
- Ernähren Sie sich von viel Obst, Gemüse und Vollkornprodukten.

Das Allround-Programm für Fortgeschrittene

Für alle, die das Einsteigerprogramm mindestens drei bis vier Wochen lang durchgehalten haben, folgt nun die Trainingsserie für Fortgeschrittene. Sie ist übrigens auch ideal für Menschen, die ohnehin schon sportlich aktiv sind und in ihrer Freizeit joggen, Tennis spielen, schwimmen oder sich anderweitig betätigen. Mit diesen Ballooning-Übungen können Sie gerade Ausdauersportarten sehr effektiv ergänzen und etwas für Ihre Haltung, Ihr Körpergefühl, Ihre Muskulatur und Ihre Tiefenmuskulatur tun. Das Programm verspricht eine Rundum-Fitness, die Ihre Schwachstellen ausgleicht.

Dieses Training ist die ideale Ergänzung im Alltag eines jeden Freizeitsportlers.

Reihenfolge der Allround-Übungen

- Body-Forming: Übung 1, 3, 5, 8, 10, 15 und 17
- Body-Balancing: Übung 1, 2, 4 und 5
- Body-Relaxation: Übung 1, 3, 4 und 7

Ratschläge fürs optimale Training

- Hier können Sie ruhig auch einmal an Ihre Grenzen gehen. Aber trotzdem, auch wenn Sie über eine gute Fitness verfügen, sollten Sie Ballooning nie übertreiben!
- Führen Sie jede Übung nur einmal aus und gönnen Sie sich zwischendurch Pausen, damit Ihr Körper die verschiedenen Reizimpulse verarbeiten kann.
- Wenn Sie Ballooning als Warm-up vor dem Joggen oder einer Partie Tennis einsetzen, sollten Sie vor allem die Body-Balancing-Übungen wählen. Sie stärken Körperbewusstsein, Kraftkoordination und Gleichgewicht.

Die besten Ballooning-Programme

Das Topfit-Programm für Geübte

Ab der 12. Woche können Sie noch einen Gang höher schalten und sich mit dieser Übungsreihe stählen. Sie eignet sich ganz ausgezeichnet für Sportler und echte Fitnessfreaks. Auch wenn Sie sehr gut durchtrainiert sind und sich im Fitnessstudio oder mit Ausdauersport in Form halten, können Sie durch Ballooning sogar noch einen Schritt weiterkommen. Selbst Leistungssportler staunen oft, wie intensiv das Training mit dem Ballon werden kann. Kein Wunder, denn schließlich hängt die Intensität immer vom persönlichen Leistungspegel ab. Jeder wird so gefordert, wie es seinem Niveau entspricht. Zudem entwickelt Ballooning die Tiefenmuskulatur wie kaum eine andere Sportart. Auch Aspekte wie Körperbewusstsein, Tiefenentspannung und gute Laune sind eindeutige Pluspunkte dieser Trainingsmethode. Lassen Sie sich also überraschen, was jetzt noch kommt!

Auch wenn Sie schon optimal durchtrainiert sind, kann Ballooning für Sie eine interessante sportliche Ergänzung darstellen. Achten Sie besonders auf die Entspannung!

Reihenfolge der Topfit-Übungen
- Body-Forming: Übung 1, 3, 4, 6, 7, 8, 10, 13, 15 und 16
- Body-Balancing: Übung 4, 7, 5, und 8
- Body-Relaxation: Übung 6, 5, 4 und 1

Ratschläge fürs optimale Training
- Ballooning bietet Ihnen die Möglichkeit, Fitness und Wellness miteinander zu kombinieren. Sportler vergessen oft den Aspekt der Entspannung. Nutzen Sie den DIDIballoon®, um wieder zu mehr Leichtigkeit und Verspieltheit im Umgang mit dem Thema Fitness zu finden.
- Das beschriebene Programm ist sehr umfangreich. Falls Sie einmal etwas weniger Zeit haben, können Sie problemlos einige Übungen streichen.
- Gerade wenn Sie viel trainieren, sollten Sie besonders auf den entspannenden Effekt achten. Legen Sie Ihr Augenmerk daher auch auf die Body-Ralaxation-Techniken, damit der Stressabbau wirklich gelingt.

Stabilisierung für den Rücken

Haltungsfehler und Rückenschmerzen gehören bei uns zu den häufigsten Volksleiden. Die einseitige Haltung beim langen Sitzen am Arbeitsplatz und Bewegungsmangel sind die Hauptursachen. Ballooning kann hier ziemlich schnell Abhilfe schaffen. Die folgenden Übungen sind Balsam für alle, die Rückenprobleme wie beispielsweise Ischias-, Bandscheiben- oder Lendenwirbelsäulen-Beschwerden haben. Fast alle Übungen zielen auf die Entwicklung und Stabilisierung der Tiefenmuskulatur ab und verbessern somit automatisch auch die Haltung. Muskeln, die beim vielen Sitzen verkümmern, insbesondere die des Rückens, werden wieder aktiviert. Das durch Ballooning verbesserte Körperbewusstsein schützt Sie außerdem quasi auch von innen vor Fehlhaltungen.

Reihenfolge der Rücken-Übungen
- Body-Forming: Übung 2, 7, 6, 10, 15 und 17
- Body-Balancing: Übung 1, 2, 4 und 5
- Body-Relaxation: Übung 5, 1, 3 und 7

Ratschläge fürs optimale Training
- Eine gute Haltung und durchtrainierte Muskeln sind die beste Garantie gegen Rückenschmerzen. Deshalb ist es wichtig, dass Sie regelmäßig üben.
- Wenn Sie unter akuten Rückenproblemen (z. B. Hexenschuss oder einer Entzündung des Ischiasnervs) leiden, sollten Sie nicht üben. Hier hilft nur Ruhe. Lediglich die Body-Relaxation-Übungen 1 und 7 dürfen Sie während dieser Zeit durchführen.
- Wenn Sie eine sitzende Tätigkeit ausüben, sollten Sie grundsätzlich darauf achten, dass Sie einen guten Schreibtischstuhl haben, der individuell auf Ihren Rücken einzustellen ist. Außerdem zwischendurch immer wieder aufstehen, ein bisschen bewegen und vielleicht eine Ballooning-Lieblings-Übung machen. Der Rücken leidet auch unter seelischen Belastungen. Beherzigen Sie daher auch die Tipps des Anti-Stress-Programms (siehe Seite 95).

Bei akuten Rückenschmerzen sollten Sie die Wirbelsäule sofort entlasten: Nehmen Sie die Rückenlage ein und legen Sie die Unterschenkel auf einen Stuhl.

Die besten Ballooning-Programme

Das Programm für Nacken und Schultern

Obwohl Nacken- und Schulterschmerzen meist zur Kategorie der Rückenprobleme gezählt werden, möchte ich dennoch ein eigenes Programm dafür anbieten. Zum einen ist es ein Unterschied, ob jemand Kreuzschmerzen oder steife Schultern hat, und zum anderen sind Nacken- und Schulterprobleme besonders häufig.

Die meisten Menschen verbringen viel Zeit am Computer, auch vor dem Fernseher, am Schreibtisch oder im Auto. All das belastet Schultern und Nacken sehr einseitig. Chronische Schmerzen wegen massiver Verspannungen sind oft das Resultat. Dies ist allerdings kein Grund, die Schultern hängen zu lassen! Ballooning kann auch in diesem Fall Abhilfe schaffen. Die Übungen sorgen schnell für Ausgleich, da sie einerseits die verkümmerte Muskulatur wieder aufbauen und andererseits sehr lockernd wirken.

Neben Ballooning ist auch Nordic Walking ein sehr gutes Training für den Nacken-Schulter-Bereich.

Vorsicht: Falls die Schmerzen im Bereich von Hals, Nacken und Schultern sehr stark sind, mitunter sogar ziehend oder stechend, sollten Sie besser einen Orthopäden aufsuchen. Er klärt die Ursachen ab.

Reihenfolge der Nacken-Schulter-Übungen
- Body-Forming: Übung 2, 5, 6, 11, 19 und 20
- Body-Balancing: Übung 2, 4 und 5
- Body-Relaxation: Übung 1, 3 und 5

Ratschläge fürs optimale Training
- Unterbrechen Sie Sitzmarathons. Zwischendurch zwei oder drei Ballooning-Übungen können schnell einmal Blockaden lösen.
- Rückenprobleme haben oft seelische Ursachen. Das gilt besonders für Schultern und Nacken. Lassen Sie sich nicht zu viel Last aufbürden. Nutzen Sie den DIDIballoon® bewusst, um abzuschalten und körperlich wie auch seelisch loszulassen.
- Neben Ballooning sollten Sie auch sonst für Bewegung sorgen: Schwimmen, Jogging, Spaziergänge oder Inline-Skating – all das schützt vor Einseitigkeit und damit vor Steifheit und Schmerzen.

Das Anti-Stress-Programm

Stress gilt inzwischen als Gesundheitskiller Nummer eins. Ob es nun Hektik und Belastungen im Job, in der Freizeit oder in der Familie gibt, unser Wohlbefinden leidet dabei in jedem Fall. Daher ist es wichtig, immer wieder zu seinem inneren Gleichgewicht zu finden.

Ballooning ist nicht nur ein gutes Fitnesstraining, sondern auch eine effektive Wellness-Methode. Durch die verschiedenen Übungen kommt es zu einer tiefen Entspannung der Muskulatur. Die sanften Bewegungen und die Konzentration auf den eigenen Körper helfen Ihnen, zu sich selbst zu kommen und einfach frei und gelöst durchzuatmen. Das folgende Programm soll dazu dienen, dass Sie innerhalb weniger Minuten ein wenig Stress abbauen können.

Neben Entspannungsmethoden wie Yoga, Meditation und Autogenem Training ist auch Ballooning ein gutes Rezept gegen Stress.

Reihenfolge der Anti-Stress-Übungen
- Body-Forming: Übung 9, 11 und 15
- Body-Balancing: Übung 1 und 6
- Body-Relaxation: Übung 6, 7 und 1

Ratschläge fürs optimale Training
- Führen Sie die Übungen ganz bewusst langsam und in aller Ruhe aus. Legen Sie besonderen Wert auf das Loslassen und Relaxen.
- Nutzen Sie den Atem als Brücke zu noch tieferer Entspannung. Betonen Sie dazu die Ausatmung, indem Sie durch die Nase ein- und dann langsam durch den Mund ausatmen. Optimal ist es, wenn das Ausatmen etwa doppelt so lange dauert wie das Einatmen. Mit ein bisschen Übung gelingt Ihnen das sicher schnell.
- Sie können außerdem entspannende Suggestionsformeln in Ihr Ballooning-Programm einbauen. Sprechen Sie sich mehrmals innerlich beruhigende Sätze vor, zum Beispiel »mein Körper ist gaaanz schwer«, »Gesicht, Arme, Schultern, Rücken und Beine sind vollkommen entspannt« oder »mit jedem Ausatmen lasse ich körperlich und seelisch alles los«. Durch die Kraft der Worte haben Sie die Möglichkeit, Ihr Unterbewusstsein auf eine tiefe innere Ruhe zu programmieren und somit richtig locker und frei zu werden.

Anhang

Hier bekommen Sie die original DIDIballoons®

Dieter Grabbe
Ysenburgstraße 10
D–80634 München

Die DIDIballoons® werden zu jeweils 10 Stück in einem DIN-A5-Umschlag verschickt. Die Sendung kostet 5 Euro (zuzüglich Versandkosten).

Ab März ist auch eine DVD zum Thema »Ballooning« im Handel erhältlich.